UM QUARTO VAZIO

2ª edição
Do 12º ao 21º milheiro
9.000 exemplares
Setembro/2017

© 2017 by Boa Nova Editora

Capa e projeto gráfico
Juliana Mollinari

Diagramação
Juliana Mollinari

Revisão
Alessandra Miranda de Sá

Assistente editorial
Ana Maria Rael Gambarini

Coordenação editorial
Ronaldo A. Sperdutti

O produto da venda desta obra
é destinado à manutenção das
atividades assistenciais da Sociedade
Espírita Boa Nova, de Catanduva, SP.

1ª edição: Julho de 2017 - 12.000 exemplares

ROMANCE

UM QUARTO VAZIO

ROBERTO DE CARVALHO
INSPIRADO PELO ESPÍRITO FRANCISCO

Instituto Beneficente Boa Nova
Entidade coligada à Sociedade Espírita Boa Nova
Av. Porto Ferreira, 1.031 | Parque Iracema
Catanduva/SP | CEP 15809-020
www.boanova.net | boanova@boanova.net
Fone: (17) 3531-4444

Dados Internacionais de Catalogação na Publicação (CIP)
(Câmara Brasileira do Livro, SP, Brasil)

Francisco (Espírito)
   Um quarto vazio / inspirado pelo espírito
Francisco ; [psicografado por] Roberto de
Carvalho. -- Catanduva, SP : Instituto Beneficente
Boa Nova, 2017.

   ISBN: 978-85-8353-077-0

   1. Romance espírita I. Carvalho, Roberto de.
II. Título.

17-04224   CDD-133.9

Índices para catálogo sistemático:

1. Romance espírita : Espiritismo 133.9

Este romance, apesar de baseado em fatos reais, é uma obra inspirada mediunicamente e tem por finalidade divulgar o espiritismo por meio dos ensinamentos básicos de sua Doutrina, principalmente no que se refere à perda de pessoas amadas e mortes prematuras, situações que tanta revolta e incompreensão têm causado para quem duvida da imortalidade da alma.

Os personagens apresentados nesta narrativa são ficcionais. Portanto, qualquer semelhança com nomes ou descrições físicas de pessoas terá sido mera coincidência.

Ó metade de mim
Ó metade arrancada de mim
Leva o seu olhar
Que a saudade é o pior tormento
Que a saudade é o revés de um parto
A saudade é arrumar o quarto
Do filho que já morreu.

(Chico Buarque de Holanda)

SUMÁRIO

INTRODUÇÃO

A alma tinha sua individualidade antes da sua encarnação e a conserva depois da sua separação do corpo.

(O Livro dos Espíritos – Introdução – VI – Boa Nova Editora)

Todos os dias, acidentes, doenças físicas e mentais, assassinatos e uma infinidade imensa de eventos dolorosos ceifam a vida física de um número considerável de pessoas, promovendo revoltas, inconformismo e a dor pungente da saudade a assolar os corações daqueles que pranteiam a ausência de seus entes queridos.

A pergunta que todos fazem é quase sempre a mesma: "Onde estão o amor, a caridade e a justiça divina diante de tanto sofrimento?". Para a viúva recém-casada que perdeu o jovem esposo; a criança que se tornou órfã em tenra idade; ou os pais que tiveram de sepultar o filho amado, qualquer explicação, a princípio, possui a mesma infertilidade de uma semente lançada entre pedregulhos.

Nada irá acalmar a tormenta que lhe vai pela alma, a não ser no caso daquele que tem fé na vida futura, que tem convicção de que a abrangência existencial do homem ultrapassa em muito a esfera material na qual nos encontramos temporariamente como estagiários; daquele, enfim, que encara as alegrias e as desgraças terrenas com o desapego e a certeza da transitoriedade que lhes são próprios, conforme nos instrui o Espírito Delphine de Girardin, em *O Evangelho segundo o Espiritismo,* no Item 24 do Capítulo 5:

Todo o mundo fala da infelicidade, todo mundo a experimentou e crê conhecer seu caráter múltiplo. Eu venho vos dizer que quase todo o mundo se engana, e que a infelicidade real não é tudo aquilo que os homens, quer dizer, os infelizes, a supõem. Eles a veem na miséria, no fogão sem lume, no credor ameaçador, no berço vazio do anjo que sorria, nas lágrimas, no féretro que se acompanha de cabeça descoberta e de coração partido [...]. Vou vos revelar a infelicidade sob uma nova forma, sob a forma bela e florida que acolheis e desejais com todas as forças das vossas almas equivocadas. A infelicidade é a alegria, é o prazer, é a fama, é a agitação vã, é a louca satisfação da vaidade que fazem calar a consciência, que comprimem a ação do pensamento, que atordoam o homem sobre seu futuro; a infelicidade é o ópio do esquecimento que procurais ardentemente.

Que esta singela obra possa, se não extinguir por completo, ao menos suavizar a dolorosa ferida provocada pela perda dos entes queridos, confortar corações e dar a todos os que pranteiam a ausência física de um ser amado a certeza de que não existem perdas definitivas, e que a cessação da vida corporal não representa um "adeus", e sim um "até breve"; de que os laços afetivos construídos sobre os pilares genuínos do amor constroem sólidas e indestrutíveis relações humanas para todo o sempre.

Boa leitura!

EU, FRANCISCO

*Em que consistem as missões das quais podem
estar encarregados os Espíritos errantes?
Elas são tão variadas que seria impossível descrever; aliás,
há as que não podeis compreender. Os Espíritos executam a
vontade de Deus e não podeis penetrar todos os seus desígnios.*

(O Livro dos Espíritos – Questão 569 – Boa Nova Editora)

Diferentemente do que muita gente acredita, a vida no plano espiritual, para quem se encontra em condições e se propõe a colaborar, é muito dinâmica e repleta de atividades nas mais diversificadas frentes de trabalho.

Como voluntário a serviço do Mais Alto, eu, Francisco, sou frequentemente convocado a conduzir ao plano do Espírito os irmãos encarnados que necessitam fazer uma visita ao "lado de cá", pelas razões mais variadas, quase sempre ligadas à falta de fé e a equivocadas interpretações sobre o funcionamento das leis universais.

Quando fui incumbido de fazer uma incursão a determinada região de nosso imenso plano, orientando o companheiro

Reginaldo durante o seu sono físico, eu já conhecia o drama daquele homem e senti por ele imensa compaixão, dedicando-me ao máximo para que os objetivos daquela viagem fossem alcançados com êxito.

Reginaldo e Denise tiveram seu filho único, de vinte anos, assassinado por traficantes, sugerindo a possibilidade de o rapaz ter sido usuário de drogas. O trágico episódio abalou a estrutura familiar do casal, e o sentimento de culpa provocou um inevitável esfriamento em sua relação afetiva, transformando-os em inimigos que habitavam a mesma residência.

Inconformados com a ausência do filho, desconhecedores da sobrevivência da alma à morte física, ambos entraram em vertiginoso declínio, tornando suas vidas um manancial de sofrimentos e frustrações.

Por isso, na noite em que o triste acontecimento completou um ano, consegui conduzir Reginaldo, em desdobramento, às regiões espirituais, onde ele passou por magnífica experiência e mudou radicalmente o seu conceito sobre a perda de entes queridos.

Ao longo da narrativa, iremos nos deparar com outros personagens que também enfrentaram a dolorosa experiência da perda de seres amados em tenra idade e que, a exemplo de Reginaldo e Denise, passaram a questionar até que ponto haviam contribuído para a traumática ocorrência.

Vibremos para que a história aqui narrada sirva de exemplo àqueles que passam por situações semelhantes, dando-lhes a certeza de que Deus é soberanamente justo e bom, e que o objetivo dos Seus desígnios é sempre conduzir o homem para o caminho do bem, mesmo quando todas as probabilidades pareçam sugerir o contrário.

Que Jesus nos abençoe!

Mães, sabeis que vossos filhos bem-amados estão perto de vós; sim, bem perto; seus corpos fluídicos vos cercam, seus pensamentos vos protegem, vossa lembrança os embriaga de alegria; mas também vossas dores desarrazoadas os afligem, porque elas denotam uma falta de fé e são uma revolta contra a vontade de Deus.

(O Evangelho segundo o Espiritismo – Capítulo 5 – Item 21 – Boa Nova Editora)

Primeira parte

MUNDO MATERIAL

Os olhos do Espírito só começam a ser penetrantes

quando os do corpo começam a enfraquecer.

Platão

Capítulo 1

CRIME

A separação da alma e do corpo é dolorosa?
Não, o corpo sofre frequentemente mais durante a vida
que no momento da morte; neste a alma não toma parte. Os
sofrimentos que experimenta, algumas vezes, no
momento da morte, são um prazer para o Espírito,
que vê chegar o fim do seu exílio.

(O Livro dos Espíritos – Questão 149 – Boa Nova Editora)

Em uma comunidade carente da periferia de São Paulo, o luxuoso veículo estacionado em um recanto deserto e escuro se contrapunha ao cenário miserável da localidade: ruas sem pavimentação, cortadas pelo chorume do esgoto fétido que corria a céu aberto, brotando do amontoado de casebres improvisados com tábuas de caixotes, pedaços de zinco e papelões.

Próximo dali, em meio a um eucaliptal que circundava a favela, um corpo acabara de ser abandonado após ter sido abatido a tiros. Era a consecução de mais um crime na agitada e confusa megalópole que se encontra entre as dez maiores cidades do planeta.

Os assassinos – três rapazes visivelmente drogados – se afastavam alegres, festejando o sucesso da ação e planejando "depenar" o veículo de sua vítima. A frieza com que encaravam tudo aquilo me causava espanto e um inevitável sentimento de indignação, apesar de ressoarem com clareza em minha mente as inconfundíveis advertências de Jesus sobre a necessidade de "amar os criminosos", que nada mais são do que Espíritos desajustados a caminho da redenção.

Naquele lugar desolador, onde os moradores eram também subjugados pela tirania escandalosa do descaso imposto pelo poder público, cenas como aquela haviam se tornado tão corriqueiras que ninguém se dava o trabalho de questioná-las. Em parte, pela familiaridade com as desgraças (próprias e alheias) de seu dia a dia; em parte, por medo dos traficantes, que mandavam e desmandavam na localidade desassistida pelas autoridades competentes.

Como Espírito bastante imperfeito e carente da indulgência divina para com as minhas próprias fraquezas morais, eu faço um grande esforço para encarar com naturalidade as orientações do Cristo no que diz respeito à necessidade de haver escândalos em um mundo de expiações e provas. Por isso a luta travada comigo mesmo para não submeter ao meu falho julgamento aqueles que provocam os tais escândalos. Entretanto, preciso confessar que é muito difícil manter essa imparcialidade em determinadas circunstâncias.

Por um momento assaltou-me o pensamento de que o ser humano perdeu a capacidade de se indignar com as dores alheias; de que cada qual, mergulhado em seu próprio universo, não se dá o trabalho de lançar um olhar de complacência para aqueles que, vitimados pela crueldade do mundo, tombam diariamente à sua volta.

Mas, enquanto fazia essas reflexões, fui advertido para a lembrança de que a Terra é um mundo inferior, onde o mal se sobrepõe ao bem e onde a maioria de seus habitantes é aí colocada para expiar faltas por meio de um trabalho penoso e das misérias da vida, até que tenha mérito de habitar um mundo mais feliz. Daí a impossibilidade de se alcançar a paz que tanto almejamos, mas que, de modo geral, fazemos bem pouco para conquistar.

Nosso mundo é ao mesmo tempo hospital, escola e penitenciária; ambiente onde tratamos nossas feridas, adquirimos instrução e expiamos as faltas cometidas ao longo de nossa imortal existência, em decorrência das limitações morais de que somos portadores.

Mas, meus irmãos, absorver tais orientações do ponto de vista didático no calor da batalha, enquanto se presencia a grotesca cena de um frio assassinato, representa penoso – ainda que necessário e importante – aprendizado.

$$\xi\tau\tau\tau\xi$$

Ali mesmo, naquele ambiente, em uma visão imperceptível aos olhos físicos, trevosas entidades espirituais, emitindo vibrações de ódio, assessoravam os criminosos, incentivando-os e compartilhando as suas ações. Podia-se dizer que a associação dos meliantes dos dois planos da vida formava um bando aterrorizante, apesar de seus semblantes joviais de rapazes recém-saídos da adolescência.

Ainda na dimensão espiritual, porém projetando iluminados sentimentos de amor e caridade, abnegados trabalhadores do bem resgatavam o homem assassinado, envolvendo-o em carinhoso aconchego. Tratava-se de um rapaz bastante jovem, de semblante terno e agradável.

Por alguma razão que ainda não estava muito clara para mim, eu fora atraído para aquele local e, apesar da experiência adquirida ao longo do tempo com esse tipo de ocorrência, não conseguia deixar de sentir profunda comoção.

Até aquele momento, eu ainda não havia me manifestado, limitando-me a observar os acontecimentos. Porém, enquanto os cordões fluídicos que uniam a alma do jovem assassinado ao corpo físico eram cuidadosamente desligados pela equipe socorrista, ele entreabriu os olhos e indagou em um sussurro:

– O que está acontecendo? Onde estou?

Só então eu me aproximei, acariciei os cabelos do rapaz e procurei acalmá-lo.

– Sossegue, meu filho! Você está entre amigos. Tudo vai ficar bem!

Ele me lançou um olhar sonolento.

– Quem é você?

Sorri para ele e me apresentei:

– Meu nome é Francisco. Agora, relaxe – e repeti com ênfase: – Tudo vai ficar bem!

Lutando contra a natural apatia que precede o momento do desenlace, ele insistiu:

– O que estão fazendo comigo?

– Estão libertando-o do corpo físico que acabou de ser fatalmente atingido – expliquei, percebendo que ele não iria se acalmar sem uma explicação mais clara. – Acalme-se e seja bem-vindo à sua pátria de origem... Tudo vai ficar bem!

Somente depois dessa explicação, e de assegurar pela terceira vez que tudo ficaria bem, foi que ele cerrou os olhos e entregou-se ao sono irresistível que o envolvia naquele momento. A serenidade com que absorveu a informação demonstrou que, de alguma forma, aquele jovem já antevia a possibilidade da ocorrência que o vitimara e que, de um modo ou de outro, acreditava na veracidade de minhas palavras.

Capítulo 2

PROMOÇÃO

Em tese geral, pode-se afirmar que a felicidade é uma utopia, na busca da qual as gerações se lançam sucessivamente sem a poder jamais alcançar.

(O Evangelho segundo o Espiritismo – Capítulo 5 – Item 20 – Boa Nova Editora)

Naquela madrugada, em outra parte da cidade, Reginaldo deixou a boate com despreocupação, pois, apesar de a festa em comemoração à aposentadoria de um dos diretores da empresa em que ele trabalhava ter ocorrido na noite de quinta-feira, era feriado nacional na sexta, de modo que poderia dormir até tarde.

Durante o evento, o doutor Silvano estava muito feliz, abraçando a todos e gritando para sobrepor-se à música altíssima que animava o evento:

– Finalmente, livre! Agora, só quero saber de curtir a vida. Um cruzeiro internacional com minha mulher para uma segunda lua de mel e, depois, pantufa e roupão o dia inteirinho, ouvindo todas as músicas e assistindo a todos os filmes de que gosto! – repetia, gargalhando sem parar.

Mas o que causou uma grande euforia em Reginaldo foi o fato de o ex-diretor haver cochichado em seu ouvido, logo no início da festa, a novidade que ele andava esperando ouvir há muito tempo: a de que seria promovido para ocupar o cargo vago na diretoria.

Essa vaga estava sendo disputada por três funcionários, e Reginaldo não tinha certeza de que seria o escolhido, já que os dois concorrentes possuíam mais tempo na empresa do que ele.

– Você será o meu substituto, rapaz. Está tudo acertado! A sua competência e dedicação falaram mais alto. Você receberá a comunicação oficial na segunda-feira, mas eu não consegui resistir à tentação de lhe dar a boa notícia em primeira mão.

Reginaldo arregalou os olhos.

– O senhor tem certeza? – perguntou automaticamente, em uma atitude quase infantil.

O doutor Silvano o encarou franzindo a testa e disse, com uma pose extravagante que sugeria contrariedade:

– Está duvidando da minha palavra, rapaz? Acha que eu brincaria com um assunto importante como esse?

– Não! Desculpe... É que a notícia é boa demais para se acreditar de primeira.

Silvano piscou o olho e reafirmou:

– Pois eu lhe garanto que a promoção está em suas mãos! Você só não a terá se não quiser – e voltou a gargalhar enquanto saía à procura da esposa a fim de arrastá-la para a pista de dança.

⁂

Transitando velozmente pelas ruas de São Paulo, que àquela hora estavam quase desertas, Reginaldo pensava em como a vida lhe era generosa. Obviamente fizera por merecer. Os esforços empregados na adolescência e na juventude, a fim de conseguir cursar uma boa faculdade, acabaram sendo recompensados.

Depois do excelente emprego na empresa onde iniciara como estagiário e subira inúmeros degraus por esforço próprio, continuara cavando novas oportunidades. Dera continuidade aos estudos e se especializara em áreas importantíssimas para a carreira, além de haver se tornado excelente poliglota, à custa de cursos de idiomas realizados à noite e aos fins de semana.

Essa dedicação, somada à competência com que Reginaldo sempre se conduzira profissionalmente, garantia-lhe agora, com pouco mais de quarenta anos de idade, a chance de assumir um dos mais altos postos de comando naquela gigantesca empresa multinacional.

Além do sucesso profissional, ele tinha também o que comemorar no campo afetivo e familiar. Casara-se com Denise, a mulher dos seus sonhos. Haviam tido a felicidade de conceber Felipe, um rapaz bonito, inteligente e saudável. O filho acabara de completar vinte anos e, em termos profissionais, parecia seguir os passos do pai, coroando de êxitos sua bem-sucedida existência.

– Eu sou muito feliz! – dizia para si mesmo, enquanto seguia para a luxuosa residência, localizada em um bairro nobre da capital paulista.

Ligou o rádio para quebrar o silêncio. Depois de uma noite inteira de som alto em seus ouvidos, a ausência de barulho chegava a incomodar. Sintonizou em uma estação qualquer, na qual tocava uma canção muito antiga. Assim que terminou a música, entrou no ar um breve noticiário policial – uma dessas notícias requentadas que algumas emissoras ficam repetindo madrugada adentro:

No início da noite, a polícia encontrou o corpo de um rapaz nas proximidades de uma favela na zona norte de São Paulo. O delegado que investiga o caso não descarta a possibilidade de o crime ter sido praticado por traficantes da região, em um provável acerto de contas.

O locutor completava a informação dizendo que, por falta de identificação, o corpo havia sido encaminhado ao Instituto Médico Legal, a fim de aguardar que alguém o reclamasse.

– Ah, essas drogas! – disse Reginaldo para si mesmo. – Estão acabando com a vida dos nossos jovens.

Mas retomou o bom humor e a descontração assim que outra música antiga começou a tocar. Estava convencido de que aquela desgraça nada tinha a ver consigo, e o máximo que fez foi emitir um breve sentimento de compaixão pelos pais daquele jovem. Sentia-se feliz demais para permitir que o sofrimento de estranhos estragasse a sua alegria.

Reginaldo chegou em casa quando o sol já começava a dourar umas poucas nuvens que se projetavam no horizonte, prenunciando um fim de semana bastante ensolarado. Entrou em silêncio, temendo despertar a esposa. Mas, quando já estava dentro do quarto, percebeu que ela estava acordada.

– Denise! Denise! – chamou em voz baixa, aproximando-se da cama.

Ela bocejou, virou levemente a cabeça e respondeu:

– Oi, Reginaldo. Tudo bem?

– Comigo, sim... E você, está com insônia?

A mulher se recostou no travesseiro, passou a mão nos cabelos desalinhados e bocejou novamente.

– Não consegui pregar os olhos a noite toda.

– Está vendo como eu tinha razão quando disse para ir comigo à festa de despedida do Silvano?

– Não, Reginaldo. De qualquer maneira, não seria uma boa ideia. Minha cabeça está quase estourando, e eu não sei mais o que fazer para me livrar dessa dor terrível.

– Oh, minha pobre querida! – Aproximou-se e acariciou o rosto da esposa com o dorso da mão. – Você tomou algum remédio?

– Tomei dois comprimidos e nem sei mais quantas gotas de analgésicos, mas não adiantou nada.

Reginaldo a olhou, penalizado. Adorava a esposa e não gostava de vê-la sofrendo daquele jeito. Com vinte e dois anos de vida em comum, sentia o coração aquecido pelo sentimento que sempre devotara a ela. Sabia que a razão daquelas dores de cabeça eram as chateações que Denise enfrentava em seu ambiente de trabalho e que a faziam retornar para casa, ao fim de cada expediente, cheia de preocupações.

Ela era gerente administrativa de uma movimentada agência bancária e vivia se queixando do excesso de compromissos e tarefas que o cargo exigia.

Reginaldo tirou os sapatos, sentou-se na cama, recostou-se na cabeceira e apoiou a cabeça da esposa em seu colo.

– Vamos cuidar desse sofrimento.

Começou a massagear levemente as laterais da fronte dela com as pontas dos dedos indicadores.

– Como foi a festa? – perguntou Denise, com os olhos fechados.

– Maravilhosa! E o melhor de tudo foi o Silvano ter me garantido que eu vou ficar no lugar dele. Não é uma ótima notícia?

– Não sei por que você está tão surpreso. Todo mundo sabia que a vaga seria sua.

– É, mas sempre fica aquela expectativa. Sei lá... Uma insegurança...

– Inseguro? Você? Ora, Reginaldo, então você consegue disfarçar muito bem, pois parece sempre tão seguro das coisas que faz.

– Bom... O importante é que agora eu vou ganhar muito mais, e você vai poder deixar o emprego.

Denise arregalou os olhos e franziu a testa.

– O quê? Essa conversa de novo, Reginaldo?

– Mas, querida, não é você que vive reclamando do emprego naquela agência bancária? Sabemos que é de lá que vêm essas dores de cabeça, esse mal-estar... Agora, com o aumento de salário que eu vou ter, não precisaremos mais do seu dinheiro. Você vai poder descansar, cuidar da casa ou, sei lá, arranjar uma ocupação menos estressante.

– Pode parar, Reginaldo! Fico muito feliz que tenha sido promovido e que dobrem ou tripliquem o seu salário, porque você realmente merece. Mas daí a me tornar uma parasita sua existe uma distância imensa. Imagine!

– Calma, Denise! Você sabe que eu jamais lhe forçaria a fazer qualquer coisa. Foi só uma sugestão... Esqueça! Faça o que achar melhor. Se prefere continuar sofrendo no seu emprego, prometo que não dou mais palpites, está bem? Serei mudo e surdo em relação a esse assunto – disse em tom de brincadeira, para suavizar a discussão.

– Ah, assim fica bem melhor! – suspirou ela, voltando a apoiar a cabeça no colo do marido. – E pode continuar com essa massagem, porque a dor já está aliviando.

Reginaldo permaneceu ali até que Denise pegasse no sono e só então se dirigiu ao banheiro. Tomou um banho morno, colocou o pijama e se deitou. Em poucos minutos estava ressonando.

Capítulo 3

DURA REALIDADE

É nisto que tendes necessidade de vos elevar acima do terra a terra da vida, para compreenderdes que o bem, frequentemente, está onde credes ver o mal, a sábia previdência aí onde credes ver a cega fatalidade do destino.

(O Evangelho segundo o Espiritismo – Capítulo 5 – Item 21 – Boa Nova Editora)

Passava do meio-dia quando Denise, demonstrando certa preocupação, foi acordar o marido.

– Querido, está acontecendo alguma coisa – disse, assim que ele despertou.

Reginaldo bocejou, esfregando os olhos.

– O que houve?

– O Felipe e o Alexandre, aquele amigo dele da faculdade que de vez em quando vem aqui em casa, iam aproveitar o fim de semana prolongado para acamparem no litoral.

– Sim, eu me lembro de ter ouvido o Felipe falar sobre isto.

– Pois é. Nosso filho ligou no meu trabalho ontem à tarde para se despedir. Disse que estava indo pegar o Alexandre na casa dele e que de lá seguiriam para a praia.

Reginaldo franziu o cenho.

– Sim. E daí?

– Daí que o Alexandre acabou de ligar aqui, perguntando pelo Felipe.

– Ué, eles não viajaram juntos?

– Aí é que está o mistério: o Felipe não apareceu na casa do Alexandre nem deu notícias.

– Estranho.

– Foi o que eu disse. O Alexandre achou que o Felipe houvesse desistido da viagem e que estivesse aqui em casa. Disse que está tentando falar com ele há um tempão, mas que o celular dele está sem sinal desde ontem à noite.

Reginaldo se levantou apressado.

– E você tentou ligar no celular do Felipe?

– Sim, várias vezes. Mas a ligação não completa. O aparelho deve estar desligado... Meu Deus, Reginaldo! Será que aconteceu alguma coisa com o nosso filho?

– Calma, Denise! Não vamos nos precipitar e ficar pensando em coisas negativas. Deve haver uma explicação racional para o que aconteceu.

– O que, por exemplo?

– Já pensou na possibilidade de, em vez de levar o amigo, o Felipe ter decidido viajar com a namorada?

Denise meneou a cabeça.

– Não. Nesse caso, ele avisaria o Alexandre. Os dois são muito unidos...

– Será?

– Com toda a certeza. Além disso, que eu saiba, o Felipe não está namorando ninguém.

– Bom, eu não estou falando de uma namorada firme, mas, sei lá, de uma paquera ou algo assim.

– Não acredito, Reginaldo. O Felipe não deixaria um amigo esperando, sem dar satisfação, só por causa de uma paquera. Esse comportamento não é do feitio dele.

Reginaldo refletiu por alguns segundos.

– Tem razão, Denise. Realmente, o Felipe não é de se comportar assim.

– O que será que houve com ele? Meu Deus! Estou com uma sensação tão ruim...

– Calma, Denise! Olha, eu vou tomar um banho rápido para refrescar o corpo desse calor infernal e tentar aclarar as ideias.

– Está bem. Enquanto isso, vou telefonar para os outros amigos do Felipe e ver se alguém sabe de alguma coisa.

Reginaldo ainda estava tomando banho e Denise procurava a agenda do filho, quando a empregada avisou que havia dois policiais na porta querendo falar com os donos da casa. A mulher sentiu as pernas bambearem e teve a sensação de haver levado um soco do lado esquerdo do peito. Antes de ir atender os policiais, bateu na porta do banheiro.

– Reginaldo! Tem uns policiais aí. Querem falar conosco.

– O quê? Policiais nos procurando? – gritou ele, fechando o registro do chuveiro. – O que eles querem?

– Ainda não sei. Estou indo atendê-los – disse Denise, a voz fraca e trêmula de quem acabou de levar um susto.

Reginaldo saiu do banheiro apressado, vestido de roupão, e correu para a porta da sala, onde dois policiais o aguardavam.

– Bom dia! O senhor é o proprietário deste veículo? – perguntou um dos policiais, mostrando uns documentos.

Reginaldo estava com o coração aos saltos, sentindo o peito oprimido por uma angústia incontrolável. Denise, agarrada a ele, mal conseguia respirar.

– Sim, esse carro ainda está registrado em meu nome, mas acabei de dá-lo de presente ao meu filho... O que houve, afinal? – perguntou com voz aflita. – Algum acidente?

– Bem – disse o policial, pigarreando –, esse veículo foi encontrado abandonado numa favela. Estava completamente depenado. Praticamente só sobrou a carcaça. Os documentos estavam jogados ou foram perdidos num matagal próximo e acabaram de ser encontrados.

– Mas... E o meu filho? Onde está o Felipe? – interferiu Denise, com voz angustiada.

– Não sabemos, senhora – respondeu o policial. – O carro estava abandonado e não havia ninguém em seu interior.

Os pais de Felipe se encararam, e o rosto deles parecia uma máscara de aflição e inquietude. Precisaram fazer um esforço sobre-humano para manter o controle de suas emoções.

– Seu Reginaldo, eu poderia falar em particular com o senhor? – perguntou o policial que estava com os documentos do veículo.

– De jeito nenhum! – protestou Denise. – Não há nada que o meu marido possa saber e eu não.

O policial olhou para ele, como se esperasse uma confirmação.

– Está bem – aquiesceu Reginaldo. – Pode falar. Realmente não existem segredos entre mim e minha esposa.

– Acontece que um jovem foi assassinado nas proximidades da mesma favela onde esse carro foi localizado. Como não estava portando documentos, não conseguimos identificar o corpo, mas achamos que pode haver uma ligação entre o assassinato do rapaz e o roubo do veículo.

– Meu Deus! Mataram o nosso filho? – Denise gritou, e precisou ser amparada pelo marido, para não desabar.

Conduzida ao interior da sala, ela se jogou na poltrona e começou a chorar desesperadamente. Estava entrando em choque. A empregada tentou socorrê-la com um medicamento calmante, mas foi rechaçada pela patroa.

– Não quero calmantes, Luzia! Quero o meu filho... Ah, meu Deus! Cadê o Felipe?

Reginaldo estava lívido.

– É o nosso filho que está no IML? – perguntou ao policial com a voz opressa.

– Desculpe, mas não podemos afirmar. Precisamos que o senhor venha conosco para ver se reconhece o corpo.

– Ah, meu Deus do céu! – foi só o que ele conseguiu dizer, enquanto prendia a cabeça com as mãos.

Os policiais esperaram pacientemente, até que a situação estivesse mais ou menos controlada, e voltaram a fazer o convite:

– O senhor pode nos acompanhar agora?

Reginaldo movimentou a cabeça afirmativamente, respondendo em um fio de voz:

– Está bem. Vou me vestir e já volto.

– Eu também quero ir. Leve-me com você – pediu Denise, levantando-se da poltrona.

O marido se aproximou dela e acariciou-lhe os cabelos.

– É melhor não, querida! Prometo que faço isso bem rápido e telefono assim que tiver uma resposta. Pense positivamente. Reze e peça a Deus para que tudo não passe de um terrível engano.

Denise se deixou cair na poltrona , quase desfalecida. A empregada voltou a acudi-la, e desta vez ela aceitou tomar o calmante. Reginaldo se arrumou rapidamente, pegou seu carro e acompanhou os policiais ao Instituto Médico Legal.

Pouco depois, com a alma dilacerada pela dor, teve a confirmação de que o corpo que ali se encontrava era realmente do seu filho. Naquele momento, viu o seu mundo maravilhoso ruir. O contentamento que sentira horas antes, e que o levara a bendizer a vida e as alegrias que ela lhe oferecia, transformou-se em um precipício de angústias e sofrimentos intraduzíveis.

Ele trocaria os seus diplomas, o seu maravilhoso emprego e todos os bens conquistados ao longo da vida para ver Felipe se levantar e, com seu cativante sorriso, abraçá-lo. Mas seu filho estava morto e nada poderia mudar aquela dura realidade.

Capítulo 4

DIAS AMARGOS

*Aquele que morre na flor da idade não é vítima
da fatalidade, mas Deus julga que lhe é útil não
permanecer por mais tempo sobre a Terra.*

(O Evangelho segundo o Espiritismo – Capítulo 5 – Item 21 – Boa Nova Editora)

Impossível descrever o sofrimento que se seguiu na vida de Reginaldo. Estava vivendo um momento de alegria e prosperidade e, de repente, vira tudo destruído à sua frente, tendo de enterrar o único filho em idade tão prematura.

Não bastasse isso, havia a desconfiança de Felipe ter sido assassinado por traficantes de drogas, sugerindo a hipótese de que ele fosse dependente químico. Mas Reginaldo relutava em aceitar essa possibilidade. Acreditava que seu filho era correto demais para estar envolvido com coisas ilegais.

Na verdade, o que queria mesmo era se isentar da culpa pela morte do rapaz. Em se tratando de latrocínio – como ele insistia em acreditar –, não precisaria se sentir responsabilizado.

Mas, se fosse mesmo um acerto de contas entre traficantes e usuário de drogas, o quadro mudava radicalmente. Significava que ele havia falhado no papel de pai. Não conseguira proteger o próprio filho; não fora presente o bastante para preservá-lo do vício e, por consequência, da morte. Era contra essa hipótese que Reginaldo lutava com desespero.

Sua vida se transformou em um inferno após aquele terrível acontecimento, sem que os fatos fossem devidamente esclarecidos e os assassinos, identificados. Reginaldo buscava respostas para a dolorosa experiência que, segundo pensava, Deus havia lhe enviado.

Ele não era religioso e nada sabia sobre propósitos divinos, leis universais e coisas dessa natureza. A divindade que conhecia, conforme seus limitados conhecimentos, era vingativa, cruel, e costumava mandar os homens para as caldeiras do inferno, onde deveriam permanecer eternamente para pagar por pecados impossíveis de serem evitados. Ou seja, um "deus de luz" que não se diferenciava em quase nada de um "deus das trevas", pois os dois demonstravam a mesma intolerância para com os homens e chegavam a sugerir uma absurda conformidade em seus projetos: um a condenar e o outro a executar a dolorosa e eterna aplicação da pena.

Reginaldo não só desconhecia os desígnios divinos, como jamais havia se preocupado com esse detalhe, pois sempre estivera ocupado demais com as questões concretas do mundo para cuidar de assuntos tão subjetivos, no seu modo de encarar a vida. Por isso ficava procurando agora, em suas equivocadas deduções, a explicação para o terrível castigo ao qual fora submetido pelas mãos do inflexível "juiz universal", que, por algum motivo, deveria odiá-lo. Essas ideias quase o levavam à loucura, infligindo-lhe um inesgotável manancial de angústia, medo e remorso.

– Não fui bom o suficiente para proteger o meu filho das maldades do mundo! – repetia intimamente, enquanto se deixava consumir por um causticante sentimento de culpa que minava a possível força de vontade necessária para tirá-lo daquele estado de apatia.

Nas experiências adquiridas por conta das tarefas que abracei, tenho observado a grande diferença na maneira de enfrentar as tragédias pessoais entre os homens de fé – aqueles que creem na natureza espiritual da vida – e aqueles que a encaram por um viés exclusivamente materialista, certos de que todos os valores do mundo se encontram nas conquistas materiais.

Para o homem materialista, as alegrias do mundo são bem mais empolgantes do que para aquele que tem os olhos voltados para os tesouros celestiais a que Jesus se referiu. Entretanto, para o primeiro, as frustrações e desilusões são infinitamente mais penosas do que para o segundo, que não as vê senão como essas passageiras tempestades de verão, cujas nuvens pesadas e enegrecidas escondem por algum tempo as luzes radiantes do sol, mas não são capazes de evitar que continuem brilhando. Ele sabe que em algum momento o vento dispersará o nevoeiro e a luz voltará com toda a sua magnitude, espantando aquilo que temporariamente a bloqueava.

O homem espiritualista sabe que a vida possui desdobramentos relevantes que vão muito além da decomposição natural do corpo físico. Entende que o trajeto da existência humana é cíclico e não horizontal; ou seja, que, assim como o Universo, a vida é também formada de ciclos que se repetem ininterruptamente, como as estações do ano. E, assim como os benefícios e malefícios pertinentes a cada estação, todos os períodos que formam a imortal experiência de viver apresentam alegrias e frustrações, conquistas e derrotas, risos e lágrimas...

Sabe ainda que esses "altos e baixos" fazem parte da eterna aprendizagem do existir e que nenhuma experiência, seja de gozo ou de sofrimento, dura mais do que o tempo necessário para os devidos ajustes ao cumprimento das leis universais a que toda a humanidade é submetida, para a sua própria evolução.

Denise, que não suportou o baque da amarga experiência, ficou internada durante 26 dias após a morte de Felipe. Na clínica onde se encontrava, havia uma grande preocupação com o seu restabelecimento. Ela não se alimentava, não conversava com ninguém e não aceitava receber visitas. Nas poucas vezes em que esteve com o marido, apenas ficou chorando, sem dirigir a ele uma só palavra.

Seus pais, que moravam em um sítio no interior do estado, chegaram a passar uns dias próximo à filha, mas possuíam inúmeros compromissos de trabalho em sua propriedade e logo tiveram de voltar às atividades, fazendo o genro prometer que assim que Denise estivesse melhor iria convencê-la a passar uma temporada com eles.

Reginaldo pediu um afastamento temporário do trabalho, mesmo sabendo que isto lhe custaria a tão desejada promoção. Não era um bom momento para se ausentar da empresa, mas a dor que o consumia era tão intensa que o sucesso profissional já não tinha tanta importância.

Somente alguns meses depois a vida do casal voltaria mais ou menos ao normal. Denise, extremamente esgotada, envelhecida e magra, retornou ao lar. A casa estava grande e vazia sem a presença do filho. Ela e Reginaldo precisaram fazer um esforço imenso para conseguir continuar morando ali.

Com sacrifício, Reginaldo retomou as atividades na empresa, mas não era nem a sombra do funcionário competente e aplicado de antes. O cargo na diretoria realmente havia sido ocupado por outro funcionário e ninguém tocou mais naquele assunto. Mas, naquela fase tão complicada para ele, esse detalhe era o que menos importava.

A polícia ainda não havia esclarecido o caso e, ao contrário de Reginaldo, que se negava a admitir qualquer possibilidade de

Felipe ter sido executado por traficantes e se contentava com hipotéticas possibilidades, Denise fez questão de tirar aquela história a limpo. Achou que deveria conversar com Alexandre, o amigo mais próximo a seu filho. Ligou para o rapaz e o convidou para uma visita.

Capítulo 5

PARTILHA INDESEJÁVEL

Crede-me, a morte é preferível, para a encarnação de vinte anos, a esses desregramentos vergonhosos que desolam as famílias honradas, partem o coração de uma mãe e fazem, antes do tempo, branquear os cabelos dos pais.

(O Evangelho segundo o Espiritismo – Capítulo 5 – Item 21 – Boa Nova Editora)

Alexandre chegou demonstrando forte emoção e, abraçado à Denise, chorou muito. Depois, mais calmos, os dois se sentaram em uma poltrona e iniciaram a conversa que tanto interessava a ela:

– Alexandre, eu sei que você e o Felipe eram muito íntimos e dividiam todos os segredos. Não vou jamais prejudicar a sua vida ou colocá-lo em apuros, mas eu preciso muito saber a verdade. O que realmente aconteceu no dia em que mataram o meu filho? O que ele estava fazendo naquele lugar?

O rapaz enxugou os olhos e comentou, evitando encará-la:

– Não sei exatamente, dona Denise. O Felipe disse que talvez fôssemos acampar na praia, para aproveitar o fim de semana prolongado, mas não deu certeza. Disse que ia depender das condições do tempo. Como a quinta-feira foi um dia de clima instável, com ameaças de chuva em alguns momentos, eu achei que ele tivesse desistido da viagem...

– Mas vocês não estiveram juntos na faculdade? Não conversaram naquele dia?

– Não. Na quinta-feira, véspera do feriado, eu acabei faltando às aulas e por isso não me encontrei com o Felipe. Quando ele saiu da faculdade, me ligou e disse que ainda estava indeciso sobre se a gente deveria ir ou não para o litoral.

Denise o encarou.

– Alexandre, e essa história de acerto de contas com traficantes? O que você tem a me dizer a esse respeito?

O rapaz empalideceu. Virou o rosto e ameaçou se levantar, mas Denise o segurou com força pelo braço e, com os olhos inundados pelas lágrimas, implorou:

– Pelo amor de Deus! Não minta para uma mãe desesperada.

– Eu... Eu... – Alexandre gaguejou.

Denise apertou o braço dele com força.

– Meu filho era usuário de drogas? É isso, Alexandre? Ele era viciado?

O rapaz fechou os olhos e, fazendo uma careta, como se as palavras lhe doessem ao passar pela garganta, confirmou:

– Infelizmente, sim!

Denise voltou a encará-lo e insistiu na pergunta, apegando-se a qualquer fio de esperança de que tudo aquilo não passasse de um engano:

– Você tem certeza?

Alexandre respondeu em voz baixa, mas movendo a cabeça com força para enfatizar o que dizia:

– Infelizmente, sim, dona Denise.

A mulher teve uma crise de choro. Mordeu a própria mão, fechada, como se armasse um soco, e falou enérgica:

– Meu Deus! Mais essa! Então o meu filho era mesmo um viciado! E eu sem saber de nada disso... Oh, meu Deus! Que castigo é esse? O que mais falta me acontecer?

Alexandre, olhando pateticamente para ela, não sabia o que fazer. Denise o segurou pelos ombros, sacudiu-o com força e o encarou muito séria.

– Você também é usuário de drogas? Vocês se drogavam juntos? A sua mãe sabe que você é viciado? – A sucessão de perguntas deixava claro o estado de desequilíbrio de Denise.

Ele se encolheu e sussurrou:

– Não, senhora! Eu nunca usei drogas. E ainda dei muitos conselhos ao Felipe para ele também não usar. Falei sobre os perigos que as drogas representam, mas acho que não adiantou.

– Mas por quê? Por que ele precisava disso? Por que tinha que se drogar? Ele tinha praticamente tudo de que necessitava...

Denise olhava para o rapaz enquanto fazia esses questionamentos, mas não acreditava que ele pudesse responder a tais perguntas. Tratava-se de um desabafo, uma forma de extravasar o mal-estar causado pela amarga revelação.

Alexandre baixou os olhos.

– É difícil saber, dona Denise. Falta de conselho não foi.

– Mas eu e o Reginaldo também dávamos conselhos a ele. Dávamos carinho, conforto material... Dávamos tudo a ele.

– Eu sei que a culpa não é de vocês – disse o jovem, tentando acalmá-la.

Porém, Denise pareceu nem ter ouvido as palavras dele.

– Está certo que a gente não ficava muito tempo juntos. Eu e Reginaldo sempre trabalhamos muito... Mas nunca deixamos que nada faltasse ao Felipe. Por que um maldito traficante tinha de tirá-lo de nós? Por que tinham que matá-lo de forma tão covarde?

Essas palavras saíram misturadas a um pranto escandaloso, que durou longos segundos. O choro convulsivo de Denise chamou a atenção da empregada, que a acudiu com um medicamento calmante. Somente depois que a mulher conseguiu se acalmar foi que Alexandre retomou o diálogo:

– Bem, dona Denise, se a senhora quer mesmo saber toda a verdade...

– É claro que eu quero, Alexandre! Eu preciso saber! Por favor, conte-me tudo. Perdoe o meu desequilíbrio emocional, mas não se preocupe com isso. Apenas me conte tudo o que você sabe.

Ele voltou a baixar a cabeça, limpou a garganta e falou:

– Infelizmente, o Felipe não era só usuário. Ele recebia encomendas na faculdade e comprava drogas para os amigos.

– Hã? O que é isso? Você está me dizendo que o meu filho traficava?

– Não é bem assim. Ele não fazia isso por dinheiro, mas como um favor para os colegas. O Felipe não ganhava nada com aquilo, apenas comprava a droga dos traficantes e levava para a turma, sem ter qualquer lucro. O fato é que, por ser uma pessoa educada e de boa índole, ele acabou acreditando que havia feito amigos na favela onde a droga era vendida.

– Amigos?

– Pelo menos era nisso que ele acreditava. Por ser uma pessoa de bom coração, o Felipe não acreditava na maldade das pessoas. Achava que tudo podia ser resolvido com uma boa conversa. Uma vez ele me disse que... Bom, deixa pra lá...

– Disse o quê? Vamos, Alexandre, pode falar! Seja o que for, estou preparada para ouvir.

– Bem... Ele disse que os sujeitos que vendiam drogas não eram esses monstros que a sociedade tanto discrimina. Disse que alguns deles eram até muito decentes e educados.

– Então ele não era mesmo apenas um usuário comum.

– Não. Não era. Acho que ele tinha uma convivência mais íntima com os traficantes, criou um vínculo afetivo com eles. Por isso é que ele comprava a droga para os colegas. Enquanto os outros morriam de medo de ir ao ponto de vendas, o Felipe se sentia muito à vontade por lá.

– Meu Deus! Meu Deus! – repetia Denise. – Como eu não percebi essas coisas acontecerem com o meu próprio filho?

Ela estava com a cabeça a ponto de explodir. Agora tudo começava a fazer sentido. Denise deduziu que Felipe deveria ter ido à favela naquele dia para comprar as drogas que levaria para o acampamento. O que achava estranho era o fato de nunca ter notado qualquer mudança no comportamento do filho. Era uma mulher experiente; sabia que um usuário de drogas tem sempre umas mudanças comportamentais que denunciam a sua condição de viciado.

Mas ela nunca havia notado essas transformações em Felipe. E era justamente essa constatação que a fazia se sentir ainda pior, pois significava que realmente havia falhado como mãe. Sempre ocupada, saindo cedo, chegando tarde e, nos fins de semana, quase sempre acompanhando o marido em seus infindáveis compromissos sociais.

Denise chegou à terrível conclusão de que morava na mesma casa que o filho, mas não o conhecia de fato. Foi invadida por um tremendo mal-estar, um insuportável sentimento de culpa, e decidiu cobrar a parte que cabia a Reginaldo naquela amarga e indesejada partilha.

Capítulo 6

ACUSAÇÕES

Se perscrutásseis melhor todas as dores que vos atingem, nelas encontraríeis sempre a razão divina, razão regeneradora, e vossos miseráveis interesses seriam uma consideração secundária que relegaríeis ao último plano.

(O Evangelho segundo o Espiritismo – Capítulo 5 – Item 21 – Boa Nova Editora)

Embora não fosse um pai muito presente na vida do filho, Reginaldo o amava demais e sentia imensamente a sua falta. Amava-o no silêncio das horas, na distância imposta pelos compromissos profissionais, mas o amava com muita sinceridade. Só o fato de saber que o filho existia e que estava bem já o deixava tranquilo.

Porém, depois da tragédia, as coisas haviam mudado muito. Felipe se tornara uma ausência definitiva, uma saudade eterna, uma dor aguda e incessante que o subjugava terrivelmente e não lhe permitia vislumbrar sequer um fiapo de luz no fundo da escura caverna psíquica em que ele passou a habitar.

E as coisas ainda iriam piorar depois da conversa entre Denise e Alexandre. Naquela noite, a mulher esperou Reginaldo de espírito armado. Estava pronta para despejar sobre ele o mesmo manancial de horrores que o amigo de Felipe havia lançado sobre ela ao fazer aquelas terríveis revelações.

Foi com a alma despedaçada pelo remorso e pela decepção que Reginaldo ouviu o longo sermão de sua esposa. De repente, foi como se a mulher que ele tanto amava houvesse se tornado o seu pior inimigo, pois deixou claro que pretendia feri-lo o mais gravemente possível, atiçando de forma cruel a dolorosa ferida que latejava em seu peito.

– Foi por culpa sua, Reginaldo, que o Felipe se envolveu com drogas. Você sabia que ele procurou amizade entre os traficantes? Não! Você não deve saber de nada, pois nem conhecia direito o filho que tinha, não é? Quando o levou para um passeio? Para um jogo de futebol? Para um cinema? Um teatro? Você sabia que ser pai significa muito mais do que dar dinheiro e presentes a um filho? Que ser chefe de família é muito mais do que ser um profissional bem-sucedido, com uma gorda conta bancária?

Denise dizia tudo aquilo sem parar para refletir sobre as próprias palavras. Não queria admitir que ela mesma muitas vezes havia incentivado o marido a ser o ambicioso executivo que se tornara, voltando integralmente as atenções ao sucesso profissional e às conquistas materiais angariadas por conta daquela exagerada dedicação.

Fora com orgulho que ela tantas vezes expusera para pessoas próximas o grande sucesso alcançado por Reginaldo nesse ou naquele projeto de vida; na aquisição desse ou daquele bem material que viria somar dividendos às já milionárias posses do casal, provocando a inveja principalmente das amigas que não haviam tido o privilégio de encontrar em seu caminho um marido tão bem-sucedido.

⁂

Enquanto Denise o destratava, Reginaldo ouvia tudo em silêncio, sem a menor disposição para refutar aquelas duras palavras.

Sabia que a esposa estava coberta de razão. Ele sentia que realmente havia negligenciado a criação de Felipe, que deixara de lado o papel do pai presente, atento às necessidades e aspirações do filho.

— Se você tivesse se preocupado menos com o seu sucesso profissional e com as bajulações sociais de fim de semana aos seus superiores, teria cuidado melhor do nosso filho, e ele não precisaria procurar amizade lá fora, pois teria no próprio pai um grande amigo.

Reginaldo estava a ponto de explodir. Cada palavra proferida pela esposa era como uma espada a transpassar-lhe o coração. E a inevitável explosão ocorreu no momento em que ela, após haver dito tudo o que estava aprisionado em sua alma desde o instante em que comprovara ser Felipe um dependente químico, apontou o dedo para o marido e arrematou friamente, como se fosse um juiz a declarar a sentença do réu:

— Foi você o culpado pela morte do nosso filho! Por sua causa, ele se tornou um drogado e foi assassinado pelos traficantes, que acabaram ocupando o lugar que deveria ser seu na vida do Felipe.

Nesse momento foi como se Reginaldo tivesse sido atingido por um raio. Tapou os ouvidos e começou a gritar em desespero:

— Chega! Chega, Denise! Pelo amor de Deus, pare de me torturar! Pare de agravar essa dor que tem me atormentado dia e noite. Eu não aguento mais!

Mas ela aumentou ainda mais o volume da voz, para que ele, mesmo com os ouvidos tapados, continuasse a ouvir suas acusações:

— A maior prova da sua culpa, Reginaldo, foi o fato de você estar numa festa, bajulando a chefia para conquistar uma promoção, no momento em que o nosso filho era morto pelos bandidos que ele considerava seus amigos.

— Chega! Chega, pelo amor de Deus! – ele gritou novamente, enquanto abria a porta e, em total desespero, saía correndo sem destino.

Reginaldo ficou até tarde da noite perambulando pelas ruas, sem a menor vontade de retornar para casa. Sentia-se deslocado do mundo. Seus pensamentos fervilhavam, provocando terrível confusão mental, deixando-o completamente atordoado, sem a menor capacidade de raciocinar.

Passou em frente a uma igreja. Suas portas estavam abertas, expondo o interior iluminado. Uma música suave chegou aos ouvidos de Reginaldo, como se o convidasse à prece e ao recolhimento. Por um segundo, essa visão tocou-lhe a alma, e ele ameaçou seguir naquela direção, mas logo mudou de ideia. Lembrou-se de que Deus estava sendo cruel demais e não viu razão para recorrer à proteção de uma divindade tão impiedosa segundo o seu equivocado julgamento.

Reginaldo perdeu a noção do tempo, andando de um lado para o outro. Só retornou ao lar quando o sono começou a subjugá-lo e quando teve certeza de que Denise, dopada pelos fortes medicamentos que andava tomando, havia adormecido.

❧

A partir daquele dia, a relação do casal desmoronou de vez; os dois deixaram de se falar, e a suntuosa residência onde viviam se transformou em uma espécie de mausoléu sombrio, frio e triste.

Denise continuava impossibilitada de trabalhar e prosseguia em seu tratamento psicológico. Vítima de síndrome do pânico, passou a enfrentar grandes dificuldades até para sair de casa. Uma profunda depressão a envolveu inteiramente, subjugando-a sem piedade. Entregou-se ao ilusório abrigo dos remédios controlados e se fechou para o mundo.

O tempo seguiu lentamente, sem que qualquer acontecimento importante modificasse a rotina do casal. Denise não apresentava nenhum sinal de melhora. Pior, em determinado momento, mudou-se para o quarto vazio que no passado era ocupado pelo filho. Tudo ali permanecia inalterado, e ela passou a dormir na cama do rapaz, chorando e aspirando o perfume que ele usava e que continuava impregnado no lençol e na fronha de seu travesseiro. A empregada fora proibida de lavar aquelas roupas de cama.

Enquanto isso, Reginaldo tentava vencer as dores esforçando-se para retomar o ritmo das atividades profissionais, mas tudo era em vão. A imagem do filho morto não o abandonava um só instante. Às vezes, ele se pegava falando sozinho, chorando pelos cantos, pedindo perdão a Felipe, e esse comportamento fez com que as pessoas pensassem que estava enlouquecendo. Aliás, ele não desejava outra coisa. Achava que talvez fosse bom mesmo que enlouquecesse.

– Quem sabe se perdendo o juízo de vez eu não consigo ter um pouco de paz? – questionava-se confuso e desolado.

Segunda parte

MUNDO ESPIRITUAL

Os mortos são uns invisíveis, e não uns ausentes.
Victor Hugo

Capítulo 7

DIA DE TRISTEZA

A verdadeira fé se alia à humildade; aquele que a possui coloca sua confiança em Deus mais do que em si mesmo, porque sabe que, simples instrumento da vontade de Deus, não pode nada sem ele.

(O Evangelho segundo o Espiritismo – Capítulo 19 – Item 4 – Boa Nova Editora)

Naquela agitada manhã de sexta-feira, ao virar a folha do calendário que ficava sobre a sua mesa de trabalho, Reginaldo sentiu um fortíssimo abalo que fez acelerar seus batimentos cardíacos, dando início à agonia psicológica que o subjugou durante todo o dia: lembrou-se mais uma vez de que completava um ano que Felipe havia morrido, não estando ainda as circunstâncias de sua morte muito claras.

A tragédia, que mudara drasticamente a sua vida, tornara-se uma dolorosa ferida que havia sangrado durante o ano inteiro, levando-o a acreditar que a existência humana era uma coisa estúpida, ilógica e sem sentido. Reginaldo se tornou um sujeito amargo, incrédulo, cheio de autopiedade e, para ser mais específico, extremamente chato e insociável.

Aquele foi um dia horrível para ele. Não conseguiu se concentrar no trabalho, discutiu várias vezes com os subordinados e adiou todos os compromissos que pôde para a semana seguinte.

Era incrível como a amargura provocada pela perda irreparável do filho tinha a capacidade de se renovar a cada dia, a cada situação que a vida lhe apresentava, fazendo-o recordar o aziago momento em que se deparara com o corpo do rapaz estirado sobre a mesa do IML.

Desde a morte de Felipe, nenhum momento de alegria viera lhe abrandar o sofrimento. A imagem do filho morto parecia acompanhá-lo onde quer que estivesse, dormindo ou acordado; no trabalho, em casa, nas ruas... Em todas as direções que olhava, tinha a sensação de que Felipe o espreitava, o dedo em riste, a acusá-lo de displicência e abandono.

⸙⸙⸙

Ao fim do expediente, um companheiro de trabalho, que observava a distância o seu desespero, procurou-o e, com a precaução de quem tateia no escuro, disse-lhe:

– Amigo, desculpe me intrometer num assunto tão pessoal, mas não há como ignorar o quanto a sua vida mudou depois da morte do seu filho.

Reginaldo o olhou com irritação, achando o atrevido demais por tocar em um assunto tão pessoal e doloroso. Teve vontade de pedir que o sujeito calasse a boca, mas se conteve e respondeu da maneira mais educada que conseguiu:

– Não, Lourenço, a minha vida não mudou. Ela simplesmente se desintegrou! Você não imagina a tortura que experimento ao recordar o que enfrentei há exatamente um ano... – Fechou os olhos e, quando os reabriu, estavam cheios de lágrimas. Precisou respirar fundo para continuar falando. – Meu filho havia acabado de completar vinte anos, cara! Era só um menino que estava começando a vida...

Reginaldo passou o dorso das mãos nos olhos e interrompeu a frase, dando um soco na mesa. Seu olhar agora parecia buscar algo fugidio no horizonte, em meio ao emaranhado de prédios da capital paulista com suas fachadas de vidro, sobre as quais se refletia a luz dourada do pôr do sol.

Lourenço permaneceu em silêncio enquanto o colega desabafava.

– Além da dor imensa que sinto pela falta do Felipe, ainda sou obrigado a conviver com as tormentas desencadeadas por sua morte. Cada vez que chego em casa e encontro a minha mulher naquela prostração, encarando-me com aquele olhar acusador... Você não tem noção do que seja isto, meu rapaz! – completou com um suspiro arrancado do fundo de sua alma.

Depois de refletir um pouco, Lourenço se aproximou. Queria muito ajudá-lo. Apoiou a mão em seu ombro e falou em um tom de voz que julgou confortador:

– Eu não sei qual é a sua opinião a respeito da existência humana, mas acredito que você tenha um ponto de vista razoável sobre esse assunto.

Reginaldo o encarou interrogativamente.

– Onde você pretende chegar com essa conversa?

– Bem... Eu gostaria de lhe fazer um convite.

– Um convite? Vai me convidar para uma festa, Lourenço? Aonde iremos comemorar esta data tão especial? – perguntou com um sarcasmo venenoso, que o companheiro fingiu não perceber.

– Gostaria que você conhecesse um grupo de pessoas do qual eu faço parte. Nós estudamos temas como a imortalidade da alma, a comunicação entre os planos material e espiritual e a reencarnação, entre outras coisas.

Reginaldo secou com o polegar uma lágrima que lhe escapara furtivamente pelo canto do olho e esboçou um sorriso irônico.

– Para que, Lourenço? Para tentar me enganar, fingindo acreditar que meu filho não está morto? Que continua vivendo por aí, em algum lugar, e que eu só não consigo enxergá-lo porque este lugar pertence a uma dimensão imponderável? Apegar-me a invencionices descabidas somente para aliviar as minhas dores? Para fingir que a vida continua sendo a mesma que eu tinha antes dessa maldita tragédia?

Todo mundo na empresa conhecia as convicções espiritualistas de Lourenço. Reginaldo não era uma exceção, mas não dava o menor crédito ao assunto. Por isso fora tão agressivo em sua resposta. Porém, apesar da inflexão provocativa de sua voz, o colega de trabalho se manteve sereno.

– Não, meu amigo! O convite é para você, de forma racional e coerente, conhecer novos conceitos, buscar o entendimento de que a vida é muito mais do que alcança a vã limitação dos nossos sentidos físicos. Para ver que nós somos muito mais do que estruturas de carne e osso perambulando por aí, numa existência tão curta, desprovida de objetivos maiores; que há uma alma imortal a habitar o corpo perecível que nos envolve; e que os projetos do Criador do universo são muito maiores do que imaginamos.

Reginaldo o olhou friamente.

– Olha, Lourenço, eu não pretendo ofendê-lo. Sei que você tem uma visão diferente sobre a existência humana, mas eu não consigo pensar do mesmo modo. Além disso, o momento não é propício para conversarmos sobre teorias existenciais. Estou num péssimo dia, sabe? – disse determinado, sugerindo com o olhar que o outro se retirasse.

– Bom, eu penso exatamente o contrário. Quando estamos doentes é que precisamos de remédio, de aconchego, de conforto... Mas tudo bem, respeito a sua opinião. Entretanto, se um dia mudar de ideia, é só me procurar, está bem?

Reginaldo fez um leve aceno de cabeça, com um sorriso arrancado à força. No fundo queria dizer: "Espere sentado!". Lourenço já ia saindo quando se lembrou de algo. Voltou, entregou-lhe um panfleto e disse:

– Por favor, fique com isto. Se sentir vontade, dê uma lida. Não vai lhe custar nada...

Reginaldo pegou o papel, dobrou-o com visível má vontade e o colocou no bolso do paletó. Estava ansioso para que o colega fosse logo embora.

Capítulo 8

INCREDULIDADE

Sem dúvida, a fé não se prescreve, e, o que é ainda mais justo: a fé não se impõe. Não, ela não se recomenda, mas se adquire, e não há ninguém que esteja privado de possuí-la, mesmo entre os mais refratários.

(O Evangelho segundo o Espiritismo – Capítulo 19 – Item 7 – Boa Nova Editora)

Saindo do trabalho, Reginaldo passou em um restaurante antes de ir para casa. Ele não tinha compromisso algum para o sábado e pretendia dormir até bem tarde no dia seguinte, em uma desesperada tentativa de encurtá-lo o máximo possível. Desde o falecimento de seu filho, os fins de semana haviam se tornado um verdadeiro martírio.

Escolheu uma mesa próxima à porta. Sentou-se, pediu uma taça de vinho e ficou com o olhar perdido, observando o movimento da rua. Procurava desesperadamente distrair o pensamento, mas, olhando os jovens risonhos que passavam pela calçada, não conseguia deixar de projetar no rosto deles o semblante alegre do filho.

A tristeza aumentava. A saudade lhe oprimia o peito. Os olhos lacrimejavam. Crescia um nó imenso em sua garganta, e ele bebericava o vinho. Estava com muita vontade de se embriagar, mas não possuía a menor vocação para o alcoolismo.

De repente, sem saber exatamente por qual motivo, enfiou a mão no bolso e encontrou o panfleto que Lourenço havia lhe entregado. Descuidadamente, começou a ler, apenas para ter algo com que se ocupar. Percebeu se tratar de um texto baseado na Doutrina Espírita que falava sobre a diferença entre a vida material e a espiritual.

Esse texto era um resumo sobre os diversos assuntos que um grupo de estudos pesquisava e discutia em um dos inúmeros centros espíritas existentes na capital paulistana. Fundada há mais de oitenta anos, essa instituição exercia importantes tarefas de conscientização sobre o papel a ser desempenhado pelo homem em todas as frentes de trabalho que se lhe apresente, tanto nas questões materiais quanto nas espirituais.

O resumo redigido no panfleto explicava, entre outras coisas, que o corpo procede do corpo, mas a alma não, porque esta já existia antes da gestação do envoltório físico e segue existindo após a extinção da matéria que a abriga.

"O homem – criado para atingir a perfeição – é um ser espiritual vivenciando experiências materiais, e não um ser material que vivencia experiências espirituais", enfocava o texto.

Dizia que a alma passa por inúmeras experiências na carne e que, quando reencarna, carrega consigo os defeitos e as qualidades morais preexistentes em si; que o período de confinamento no corpo é um tempo de trabalho e aprendizado que o indivíduo usa de acordo com o seu livre-arbítrio, podendo aproveitá-lo ou não para o seu adiantamento moral.

Afirmava que a alma é imortal e que, depois de libertar-se do corpo, passava a habitar o mundo espiritual, em ambientes e situações agradáveis ou desagradáveis, de acordo com a sua evolução; que a alma seria atraída para a região com a qual tivesse maior afinidade. Mas que, de modo geral, eram lugares de trabalho e aprendizado para o ser humano, tanto quanto os períodos em que passava preso a um corpo físico.

Dizia ainda que há um intercâmbio constante entre o mundo material e o mundo espiritual, e que é comum ocorrer encontros entre pessoas que habitam os dois planos, tanto em "linguagem mental" como em "projeções espirituais" ocorridas, principalmente, durante o sono, e que muitas vezes esses encontros são confundidos com sonhos.

Reginaldo ficou pensando que tudo aquilo poderia ser muito consolador, desde que ele conseguisse acreditar naquelas coisas. Mas era um homem extremamente pragmático. Fora criado com a convicção de que "vida é vida e morte é morte"; de que a vida só existe no próprio corpo enquanto este se movimenta, fala, anda, respira... Para ele, após a morte material, o ser humano estava acabado e pronto.

– Como é que pode um sujeito inteligente feito o Lourenço acreditar nessas fantasias? – monologou, enfiando o panfleto no bolso.

Mas não conseguiu deixar de pensar no assunto, enquanto tentava inutilmente esvaziar a taça de vinho, acompanhada de água mineral gasosa e uns petiscos de queijo que, devido ao mau momento, pareceram-lhe extremamente amargos e indigestos.

⁙⁘⁙

Por volta das 23 horas, com a mente um pouco entorpecida pelo efeito do álcool, Reginaldo decidiu ir embora. Entretanto, antes de sair do restaurante, ainda voltou a ler a mensagem.

Algo em seu íntimo instigava-o a encarar com um pouco mais de maleabilidade aquele assunto, convidando-o a uma reflexão menos superficial sobre o tema.

– E se for verdade? E se o Felipe estiver mesmo vivo, habitando outro plano? – questionou-se em voz alta.

Mas logo voltou a se convencer de que aquilo era uma grande tolice. Amassou o papel, jogou-o sobre a mesa e foi embora lentamente, pois não estava com a menor pressa de chegar em casa.

Ao entrar, Reginaldo foi surpreendido pela ausência da esposa. Em um bilhete econômico de palavras, Denise explicava que havia viajado para o interior, onde pretendia passar uma temporada na companhia de seus pais. Certamente aquele dia – aniversário de morte do filho – estava sendo horrível para ela também e não era um bom momento para os dois ficarem juntos.

A verdade é que aquela viagem já estava programada há algum tempo e, no fundo, Reginaldo achou que era mesmo uma boa ideia. A morte de Felipe acabara gerando um imenso abismo entre o casal. Há um ano haviam se tornado duas criaturas estranhas uma para a outra.

O fato de saber que estava completamente só naquela noite deixou Reginaldo ainda mais deprimido. Nem a empregada, que praticamente morava na casa dos patrões, encontrava-se presente, pois estava de folga naquele fim de semana.

Reginaldo apenas se livrou dos sapatos e se jogou no sofá, não se dando sequer o trabalho de tomar banho ou mudar a roupa. Tudo o que queria era dormir e esquecer. A casa estava em penumbras, e ele não teve a menor vontade de acender as luzes, mantendo acesa apenas a fraca lâmpada do abajur.

Por mais que tentasse, não conseguia deixar de pensar na vida. Era como se a sua mente vagasse por vontade própria, refazendo o curso dos últimos acontecimentos, ampliando sobremodo a sua revolta. Em um gesto infantil, começou a socar a própria cabeça e, quando se deu conta, chorava inconsoladamente, sentindo-se o mais desgraçado dos seres. E foi entre soluços, imprecações e autoflagelo que pegou no sono.

Capítulo 9

PASSEIO

Para aquele que se coloca, pelo pensamento, na vida espiritual, que é indefinida, a vida corporal não é mais que uma passagem, uma curta estação num país ingrato.

(O Evangelho segundo o Espiritismo – Capítulo 2 – Item 5 – Boa Nova Editora)

Naquele fim de semana, Reginaldo estranhou o fato de só ter voltado a acordar no domingo, com o dia já amanhecendo. Havia dormido seguidamente por 36 horas, sem encontrar qualquer explicação para aquela experiência inusitada em sua vida. Nunca havia dormido mais do que oito horas, nem quando era adolescente.

Mas a noite de sexta-feira e as 24 horas do sábado haviam passado sem que ele tomasse conhecimento, já que nesse período não acordara nem para suprir suas necessidades fisiológicas.

Acordou confuso e intrigado, mas, à medida que tomava ciência dos fatos, ia se lembrando da experiência espetacular que tinha vivenciado durante aquelas longas horas de sono.

As lembranças de tudo o que havia ocorrido foram despertando em seu íntimo um renovado sentimento de otimismo: o retorno da paz de espírito que há um ano havia abandonado inteiramente a sua vida. Ele sabia que muita gente iria duvidar e que inúmeras teorias seriam aventadas para explicar aqueles acontecimentos.

Porém, para Reginaldo, não havia a menor sombra de dúvida de que tudo o que vivenciara havia sido uma maravilhosa e inquestionável experiência espiritual, que representaria um divisor de águas em sua maneira de encarar as leis universais, tendo inserido imenso conforto em sua alma.

Na noite de sexta-feira, Reginaldo havia acabado de pegar no sono quando eu me aproximei sutilmente e sussurrei em seu ouvido:

– Como vai, meu irmão? Preparado para fazer um belo passeio?

Reginaldo achou que estivesse no meio de um sonho e nada respondeu, mas logo voltei a inquiri-lo. Ele abriu os olhos e tentou identificar quem o chamava, mas não enxergou nada.

Sentiu-se irritado, pois, apesar da tranquilidade do tom que impus à voz, sentia-se invadido. Queria ficar dormindo no seu canto, sozinho, chorando as suas mágoas. Como é que alguém se achava no direito de invadir a sua privacidade, sem pedir licença e sem perguntar sequer a sua opinião?

Mas eu continuava a chamá-lo com a determinação de quem tem certeza do que está fazendo.

– E então, podemos ir agora? – perguntei mais uma vez.

– Ir para onde? Quem é você? – Reginaldo conseguiu finalmente articular algumas palavras, sentindo-se um verdadeiro idiota.

Mas, antes que obtivesse qualquer resposta, sentiu-se projetado para fora do corpo e percebeu perplexo que estava flutuando a uns dois metros de altura. De onde estava, podia ver o seu próprio corpo totalmente inerte sobre o sofá.

Só então me vislumbrou à sua frente, porém de modo parcial. Identificou-me como uma silhueta esguia que se assemelhava ao formato de um corpo humano, de sexo indefinido, criada a partir de uma tênue claridade leitosa, incrivelmente volátil. Logo foi envolvido por mim e impelido para o alto.

Reginaldo ficou apavorado e se encolheu todo quando nos aproximamos do teto da casa, mas o atravessamos sem um esbarrão sequer. Somente naquele momento ele percebeu que também possuía as mesmas características fluídicas que observara em mim.

Continuamos a nos projetar para o alto e, em poucos segundos, podíamos ver as luzes da cidade se distanciando, diminuindo e desaparecendo, à medida que ganhávamos cada vez mais altura e nos infiltrávamos em um ambiente que Reginaldo achou incrível.

Trata-se de um belíssimo recanto preservado na esfera espiritual para ocasiões especiais como aquela. Porém, as impressões do lugar costumam variar de acordo com a percepção de quem as vê. Para Reginaldo, a paisagem se assemelhava a uma savana, de onde emanavam harmoniosos cânticos de pássaros e um delicioso aroma de flores campestres.

O ar era envolvido por suave luminosidade que permitia, aos poucos, vislumbrar uma espécie de bosque, com diversas árvores distribuídas regularmente, como se houvessem sido minuciosamente projetadas. O verde de suas folhas e as variadas colorações de suas flores e de pequeninos frutos que pendiam dos galhos possuíam tons bem mais suaves do que os encontrados na flora terrestre, além de apresentarem uma superfície aveludada. Entre uma árvore e outra havia pequenas clareiras recobertas por um convidativo e macio gramado.

Reginaldo estava encantado com a paisagem e sentiu vontade de descansar naquele bosque, chegando mesmo a ameaçar um pouso, mas eu o retive no ar. Conduzi-o para próximo de uma montanha de onde despencava magnífica cachoeira com queda de uns cinquenta metros. Aproximamo-nos da cortina de água e eu o orientei:

– Por favor, entre e permaneça ali até que esteja livre das emanações alcoólicas do vinho que ingeriu esta noite.

Embora a advertência tenha soado de modo amigável, sem nenhuma demonstração de censura, Reginaldo não pôde deixar de se sentir constrangido, como uma criança flagrada em um momento de travessuras. Mesmo tendo bebido muito pouco, sentia-se meio enjoado.

Obedeceu sem pestanejar. Era incrível como ele se comportava diante de mim. Mesmo sem saber exatamente de quem se tratava e quais eram as minhas pretensões, não relutava nem um pouco em aceitar minhas orientações. No fundo, pressentia que coisas importantes estavam para acontecer.

O jato de água que o envolveu, ao contrário do que esperava, não era frio nem pesado. A cachoeira, assim como tudo naquele ambiente, era bastante fluídica, e sua temperatura, agradavelmente morna.

Após brevíssimo tempo, fiz sinal para que ele saísse. A sensação que Reginaldo experimentou foi a de que tudo que havia em si de sujo, pesado e negativo havia sido levado pelas águas. Mal se afastou da cachoeira e já estava completamente seco.

Sentindo-se revigorado, deixou-se envolver de novo por mim e percebeu, com alegria, que começávamos a descer lentamente em direção a uma daquelas clareiras onde ele desejava pousar.

Capítulo 10

DESCOBERTAS

*Os Espíritos não podem aspirar à felicidade perfeita
senão quando são puros; toda mancha lhes interdita
a entrada nos mundos felizes.*

(O Evangelho segundo o Espiritismo – Capítulo 5 – Item 10 – Boa Nova Editora)

Certamente pelo fato de se encontrar bem mais disposto e lúcido após o banho de cachoeira, Reginaldo sentiu despertar em seu íntimo uma curiosidade enorme. Mil perguntas começaram a pulular em sua mente inquieta, enquanto pousávamos no gramado de uma acolhedora clareira.

Assim que tocamos o solo, ele percebeu que comecei a passar por uma magnífica transformação, adquirindo a aparência fisionômica de um homem magro, de semblante suave, com o corpo coberto por uma túnica azul-claro.

Sua reação diante de tudo aquilo era surpreendente, pois o normal seria ficar assustado, nervoso ou qualquer coisa assim. Mas Reginaldo estava encarando tudo com muita naturalidade.

Sua aparência também havia mudado, e ele se via agora com as mesmas características de seu corpo físico, embora em um envoltório infinitamente mais sutil.

Sentamo-nos no gramado, recostamo-nos nos troncos de duas árvores que ficavam bem próximas, e eu disse a ele:

– Reginaldo, sei que está muito curioso e cheio de perguntas para me fazer. Mas tente relaxar, pois muitas respostas você já obteve hoje.

Ele não prestou muita atenção ao que eu havia dito e perguntou:

– O que está acontecendo aqui? Quem é você, afinal?

– Bom... Está acontecendo o que podemos chamar de projeção espiritual. Você deixou temporariamente o corpo físico no plano da matéria e está visitando o seu berço natal, ou seja, a dimensão da alma. Quanto à segunda pergunta, a resposta é: eu sou um mensageiro espiritual. Sou um amigo, alguém que o ama e que assumiu o compromisso de trazê-lo aqui. Mas, se precisa de um nome para se referir a mim, pode me chamar de Francisco.

Ao ouvir aquelas respostas, Reginaldo se lembrou do panfleto que Lourenço havia lhe entregado. Lembrou-se da leitura, na qual era mencionada a projeção a que eu me referia agora. Então, nesse momento, buscando uma explicação racional para os fatos, concluiu que estava vivendo um sonho cujo enredo havia sido provocado pela leitura do panfleto.

Demonstrando ter captado as ondas mentais de seu pensamento, eu sorri e respondi à pergunta que nem sequer fora elaborada:

– Não, Reginaldo! Isto aqui não é um sonho, e as coisas que você leu naquele panfleto eram as informações básicas de que precisava para entender o que está acontecendo.

Uma onda de esperança de repente encheu-lhe o peito. Se estava realmente no plano espiritual, então havia a possibilidade de se encontrar com Felipe, Reginaldo pensou. Mas ainda não estava totalmente convencido.

– Quer dizer que tudo isto aqui é real? – perguntou, olhando ao redor da clareira, enquanto apalpava o gramado.

Não consegui deixar de achar graça naquele comportamento e respondi em monossílabo, com a maior naturalidade do mundo:

– Sim!

Reginaldo se empolgou.

– Então este é o mundo espiritual? É para cá que as pessoas vêm depois da morte?

– Sim. E de onde partem para o renascimento no corpo – respondi. – Aqui não é apenas um ponto de chegada; é também um ponto de partida.

– Mas todos os mortos estão aqui? – o pai de Felipe indagou com o coração acelerado, já elaborando a próxima pergunta, que obviamente envolvia seu filho.

– Bem, podemos dizer que uma boa parcela vem para cá, mas isto aqui é apenas uma diminuta amostra do que é o plano espiritual que envolve o orbe terrestre. Ele é imensamente maior e possui lugares mais agradáveis e outros não tão bons quanto este.

Essa informação o deixou apreensivo. Com receio de ouvir o que não queria, mudou a pergunta previamente formulada.

– E o que define o lugar para onde a pessoa segue depois que morre?

– A lei de atração ou, se preferir, a condição moral do indivíduo. No plano espiritual há lugares de grandes sofrimentos, lugares intermediários e lugares de relativa tranquilidade. Quando deixa o corpo físico, o homem é atraído para o lugar que se equipara à sua condição moral.

Esta informação foi como um jorro de água fria sobre as pretensões de Reginaldo. Ele não podia se esquecer de que Felipe havia supostamente morrido na condição de usuário e fornecedor de drogas. Decerto não poderia ser encontrado em um lugar tão aprazível quanto aquele.

Não pôde evitar certa irritação quando fez a pergunta seguinte:

– Mas por que diabos você me trouxe aqui? Tem alguma coisa boa para me mostrar ou pretende tripudiar sobre o meu sofrimento?

Sem perder a serenidade, olhei-o nos olhos e respondi:

– Eu disse que sou seu amigo, Reginaldo, e que o amo! Seria uma incoerência se o tirasse de casa apenas para conduzi-lo em uma experiência dolorosa, tripudiando sobre o seu sofrimento.

Aquela reação o deixou constrangido. A sinceridade contida em minhas palavras era algo inquestionável. Levantei-me e estendi-lhe o braço:

– Vamos, Reginaldo. Há muitas coisas que você precisa ver.

꒰꓆꓉꓆꒱

Seguimos por entre as árvores e alcançamos uma trilha estreita e sinuosa. Caminhávamos lado a lado, em silêncio. Percebi que Reginaldo estava abalado pelas últimas informações e tinha muito medo de formular novas perguntas.

À medida que avançávamos, a paisagem ia se modificando. Em vez do gramado verde sob nossos pés, o solo tornara-se agora áspero e pedregoso, ladeado por intricados arbustos de espinheiros. As árvores exuberantes, cobertas de folhas e frutos, foram se escasseando, e as que se apresentavam eram secas, cinzentas e sem vida.

O aroma agradável de flores silvestres desapareceu, sendo substituído por um odor desagradável de podridão. Os cânticos de pássaros silenciaram, e a paisagem tornou-se desértica, triste e abafadiça.

Chegamos à beira de um enorme precipício onde, ao fundo, uma multidão de seres deformados encontrava-se chafurdada em um asqueroso poço de lama fétida e escura.

Do alto onde estávamos podíamos ouvir gritos, choros e lamentações. Algumas daquelas criaturas que se encontravam no fundo do vale tentavam escalar as paredes escarpadas que o circundavam, mas escorregavam, caindo umas sobre as outras, provocando violentas brigas.

– Que lugar é este? – perguntou Reginaldo, assustado, quebrando finalmente o silêncio. – Por acaso será o inferno?

– Este é um dos lugares para onde são atraídos os homens de coração endurecido, após a morte física. E pode ser considerado mesmo um inferno... – expliquei.

– Mas quem são essas pessoas? Serão criminosos?

– Não são criminosos comuns. São os que se comprazem no crime; os que desgraçam a vida de muitos em função de seus interesses pessoais, de seu exacerbado egoísmo e do prazer de provocar o sofrimento alheio.

Ele estava morrendo de medo da resposta, mas não pôde evitar a próxima pergunta:

– Traficantes de drogas, por exemplo?

Confirmei com um movimento de cabeça. E acrescentei:

– Não são todos que vêm para cá, porém, muitos estão aí.

Diante dessa resposta, Reginaldo firmou bem a vista, tentando identificar Felipe em meio àquela massa disforme, coberta de lama, mas não conseguiu. Identificar alguém ali era uma tarefa impossível.

– O que acontecerá a essa gente? – perguntou com voz desanimada. – Ficarão aí eternamente?

– Não – respondi enfático. – Você consegue se lembrar do que leu naquele panfleto que o Lourenço lhe deu? A parte que fala sobre o homem ter sido criado para a perfeição?

– Sim! Eu me lembro, mas é difícil imaginar essas pessoas alcançando a perfeição, tornando-se boas, gentis...

– Mas, creia-me, Reginaldo: esse é o projeto do Criador. Essas pessoas serão anjos um dia.

– Anjos? É difícil imaginar...

– A verdade é que as pessoas mais evoluídas que você conhece também já foram como esses que aí estão. Aliás, alguns foram bem piores! O processo evolutivo da humanidade é lento e doloroso, mas um dia todos acabarão chegando ao ponto ideal.

– E por quanto tempo esses infelizes permanecerão assim?

– Depende de cada um. Alguns ficarão por muito tempo, outros não. Cada um tem o seu histórico de vida, os seus débitos morais, o seu momento de conscientização... A verdade é que todos se salvarão um dia.

– Então, a ideia da condenação eterna nas profundezas do inferno não é uma realidade?

– Digamos que seja uma meia-verdade. O inferno é representado por lugares de expiações, que existem tanto no plano material quanto no mundo espiritual. Mas nenhum sofrimento é eterno, pois as imperfeições humanas também são transitórias. O inferno existirá para cada indivíduo enquanto perdurar nele a sua própria maldade.

Reginaldo estava com muita vontade de perguntar se Felipe estava ali, mas lhe faltou coragem. Novamente ficou com medo da resposta que receberia e preferiu se manter em silêncio.

Capítulo 11

REENCONTRO

Aqueles que pregam ser a Terra a única morada do homem, e que só nela, e numa só existência, lhe é permitido atingir o mais alto grau das felicidades que a sua natureza comporta, iludem-se e enganam aqueles que os escutam.

(O Evangelho segundo o Espiritismo – Capítulo 5 – Item 20 – Boa Nova Editora)

Ficamos algum tempo só observando a movimentação daqueles infelizes que se aglomeravam no fundo do abismo. Depois, toquei levemente no ombro de Reginaldo e o chamei:

– Prossigamos nossa viagem.

Afastamo-nos da borda daquele precipício e retomamos a trilha. Após longa caminhada, chegamos à margem de outra cavidade menos profunda que a primeira. No interior dela havia uma muralha circundando uma espécie de aldeia, formada por uma infinidade de cabanas de cor ocre, que mais pareciam verrugas brotadas do solo.

Um grande número de pessoas perambulava de um lado para o outro. Todos estavam cabisbaixos e silenciosos. Alguns precisavam ser amparados por outros, como se estivessem bêbados ou doentes. Porém, embora também sugerisse uma visão melancólica e negativa, esse ambiente não era tão repugnante como o primeiro lugar em que estivéramos.

– Aqui se encontram muitos usuários de drogas – expliquei. – Uns em situação bastante complicada, como os que morreram por overdose e que continuam sob o efeito dos entorpecentes por um bom tempo. Outros, que já iniciaram um lento processo de recuperação, conscientes e arrependidos, organizam mutirões de ajuda aos mais necessitados.

– O que acontece com eles? – Reginaldo perguntou. – Quer dizer, você já me disse que cada caso é único, que cada um tem o seu histórico de vida, mas...

– O panfleto que você leu falava sobre a reencarnação. Todas essas pessoas voltarão a viver na carne. Todas, sem exceção, terão a oportunidade de se superar, de consertar os erros do passado, de reescrever a sua história de modo diferente. Muitas sucumbirão novamente, mas, a cada experiência, vão ficando mais fortes, mais conscientes, até se tornarem, por força da própria vontade, imunes à escravidão imposta pela dependência química.

Minha resposta deixou Reginaldo mais aliviado. Mais uma vez, não conseguiu vislumbrar Felipe em meio àquelas pessoas, mas considerou a possibilidade de ele estar ali, entre os usuários, e não entre os traficantes, já que, segundo soubera, seu filho não distribuía drogas com o objetivo de obter lucros.

Captei de novo as ondas mentais do seu pensamento e sorri. Reginaldo deduziu que, com esse gesto, eu queria dizer: "No fundo, é tudo a mesma coisa". E, embora sem ter certeza de que eu realmente havia afirmado aquilo, deixou transparecer uma sombra de preocupação em seu semblante.

Quando nos afastamos daquele sombrio vale e retomamos a caminhada pela trilha, Reginaldo começou a se sentir desanimado, e uma imensa inquietação voltou a abalar suas estruturas emocionais. Afinal, perguntava-se, quais seriam as intenções daquele companheiro que dizia amá-lo e se comportava de modo tão estranho? Quais seriam seus reais objetivos? De que maneira terminaria aquela inusitada viagem?

E foi assim que nos aproximamos de uma imensa muralha, onde um pequeno portão representava a única via de acesso. Curioso e intrigado, Reginaldo me olhou de olhos arregalados. Retribuí com um sorriso tranquilizador.

– Não se preocupe – falei. – Estaremos entre amigos.

Com um leve toque da palma de minha mão, o pequeno portão se abriu automaticamente e nós adentramos o pátio que se estendia largamente, formando uma extensa área retangular. Essa colônia lembra as pequenas cidades interioranas, quando bem administradas pelo poder público. Suas ruas são pavimentadas com capricho, as praças bem arborizadas, e as edificações, projetadas com esmero, têm as fachadas pintadas em tons bem claros.

No momento em que adentramos o pátio, várias pessoas transitavam pelas ruas, cumprimentando-se com alegria. Havia uma música suave pelo ar, e o mesmo aroma agradável de flores campestres e frutos maduros percebido no bosque envolvia também aquele ambiente.

Eu ia à frente e Reginaldo me acompanhava em silêncio, observando tudo ao seu redor. Os transeuntes nos cumprimentavam com cordialidade, e eu respondia entusiasmado, mas Reginaldo apenas sorria timidamente. Afinal, sentia-se um forasteiro.

Após caminharmos cerca de quinhentos metros, chegamos a um prédio de paredes brancas, que lembra um grande hospital do plano terreno. Subimos a escadaria frontal e adentramos o interior, onde havia um imenso e largo corredor com muitas portas brancas laterais, devidamente numeradas.

Poucas pessoas transitavam por aquele corredor; algumas permaneciam a postos, como as sentinelas de uma estalagem.

Mas ninguém nos interpelou, deixando claro que éramos bem-vindos ali. Quando chegamos em frente à porta de número 64, eu parei e disse:

– Reginaldo, esteja preparado, pois você vai ter uma bela surpresa.

Dizendo isso, encostei a palma da mão na porta, como havia feito no portão de entrada, e ela se abriu. Nesse momento, um jovem que estava sentado na cama lendo um livro ergueu os olhos, e um sorriso muito conhecido por Reginaldo, e que havia lhe provocado tanta saudade durante um ano inteiro, iluminou-lhe o semblante.

– Papai! Que bom que o senhor veio!

Reginaldo não conseguiu dizer nada. Por mais que tentasse, não teria como explicar o que sentia naquele momento. Nenhuma palavra que dissesse poderia definir a sensação maravilhosa que o envolveu vendo-se frente a frente com o filho que julgava morto.

Em um gesto automático, projetaram-se na direção um do outro e se abraçaram longamente, enquanto Reginaldo deixava fluir o pranto mais emocionado, sincero e reconfortante de sua vida.

Capítulo 12

MOMENTOS FELIZES

Se no acesso dos vossos mais cruéis sofrimentos, a vossa voz cantar ao Senhor, o anjo à vossa cabeceira de sua mão vos mostrará o sinal de salvação e o lugar que deveis ocupar um dia.

(O Evangelho segundo o Espiritismo – Capítulo 5 – Item 19 – Boa Nova Editora)

Reginaldo nunca soube precisar o tempo que permaneceu ao lado do filho, naquele inesperado e feliz reencontro. Lembrava-se apenas de haver sentido uma energia renovadora envolvendo-o inteiramente. Quando se desgrudou do rapaz, afastou-se um pouco para admirá-lo. Felipe estava, segundo a sua visão, muito mais bonito do que quando se encontrava no corpo físico. Notando a curiosidade com que o pai o olhava, o rapaz comentou, sorrindo:

– Se está procurando alguma ferida em mim, esqueça. Elas ficaram no corpo que já se decompôs, meu pai! Neste corpo fluídico o senhor não vai encontrar nenhum estrago.

Reginaldo sorriu constrangido. Felipe o abraçou mais uma vez.

– Pai, sente-se aqui, porque temos muito que conversar.

Ele se sentou na cama ao lado do filho e só então percebeu a minha ausência. Estava claro que eu os havia deliberadamente deixado a sós.

Reginaldo segurou as mãos de Felipe e, deixando as lágrimas verterem à vontade, balbuciou:

– Tenho mil perguntas para lhe fazer, meu filho...

– Não, pai! Por favor, não transforme o nosso encontro numa espécie de interrogatório. A sua vinda aqui foi programada com muita dificuldade e não pode servir apenas para uma oitiva sem sentido. Olhe para mim! Já não lhe basta ver que estou vivo e bem? Uma vez libertadas do véu ilusório que as escondem, as grandes verdades dispensam palavras.

Reginaldo expôs um sorriso banhado em lágrimas.

– Estou tão feliz, meu filho!

– Eu também! Vamos curtir a felicidade deste momento, está bem?

– Mas eu preciso saber o que está acontecendo. Que lugar é este? É um hospital? Você está internado aqui? Está doente?

– É. Pode-se dizer que eu esteja internado, sim. Mas não por estar doente. Na verdade, estou me recuperando e talvez me preparando para voltar à matéria.

– Voltar? Como assim?

Felipe o olhou muito sério.

– O senhor não foi instruído sobre a vida pós-morte e o processo da reencarnação? Trouxeram-no aqui sem orientá-lo minimamente?

Reginaldo se constrangeu.

– Bem... Na verdade, eu fui orientado sim. Primeiro por intermédio de um panfleto que um colega de serviço me entregou. Depois, recebi explicações do Francisco, a pessoa que me trouxe aqui. Mas, filho, eu ainda não consegui absorver inteiramente esses novos conhecimentos. É novidade demais para mim...

– Mas é tudo verdade, meu pai.

Reginaldo voltou a olhar ao seu redor, como se buscasse a confirmação de que tudo aquilo não passava de uma miragem. Voltou os olhos umedecidos para o rapaz e suspirou fundo.

– Poxa, meu filho! Está fazendo um ano que você... – ele ia dizer "morreu", mas se conteve. De repente, a palavra "morte" lhe pareceu totalmente descabida.

– Não morri, meu pai. Apenas me desvinculei do corpo físico que me foi dado como ferramenta para as experiências daquela encarnação. Um dia vou reencarnar mais uma vez; terei de voltar para dar prosseguimento aos meus projetos de vida. Mas não sei exatamente quando isso ocorrerá. Pode ser em breve, como poderá também levar algum tempo. Enquanto não chegar esse momento, terei muito que fazer por aqui. O senhor ficaria surpreso se visse as oportunidades de estudo e trabalho que existem no plano espiritual.

– Mas... – Reginaldo não encontrava palavras para elaborar a pergunta que tanto queria fazer.

Felipe percebeu e, olhando fixamente em seus olhos, explicou:

– Pai, compreendo que o senhor esteja curioso sobre as circunstâncias que motivaram a destruição do meu corpo material. Mas há coisas que eu não posso revelar, pelo fato de estarmos em planos diferentes. O senhor vai acordar daqui a pouco no plano físico e não deve guardar deste encontro qualquer informação que possa interferir no livre-arbítrio das pessoas que estão envolvidas na mesma trama. Essa lei é sagrada demais e não pode ser desrespeitada por ninguém. Mas, acredite, no momento oportuno tudo se esclarecerá.

– Espero que sim, filho!

Felipe apoiou as mãos nos ombros do pai, encarando-o com ainda mais seriedade.

– Gostaria muito de lhe pedir que cuide melhor da mamãe. Tenho percebido suas baixas vibrações e estou muito preocupado com o desequilíbrio psicológico em que ela se encontra.

Reginaldo ficou constrangido. De repente percebeu que havia mesmo abandonado Denise. Se, antes, parecia fazer sentido deixá-la sozinha, em função do seu constante mau humor e das acusações que ela lhe fazia, agora, sabendo que Felipe estava vivo e tão presente na vida deles, ainda que invisível aos olhos físicos, a atitude de abandono soava como egoísmo e uma imperdoável covardia.

– Perdoe-me, meu filho! Você tem toda a razão. Eu deveria ter cuidado melhor da sua mãe.

– Não precisa pedir perdão, pai. É por falta de uma visão mais espiritualizada que os homens continuam cometendo esse tipo de equívoco. A ideia de que a morte é algo definitivo torna as pessoas espiritualmente míopes, limitando o seu entendimento e direcionando os seus principais projetos e sentimentos para alvos bem menos importantes. Os apelos da matéria ofuscam os valores do Espírito e conduzem a maioria dos homens para a direção equivocada da materialidade, fazendo parecer que a verdadeira felicidade está apenas nas conquistas materiais.

Felipe fez uma pausa, olhou fixamente para Reginaldo e perguntou:

– Lembra-se de eu haver dito que a sua vinda aqui foi programada com muita dificuldade?

O pai confirmou com um movimento de cabeça e ficou esperando, curioso, pela explicação.

– A dificuldade deveu-se à visão materialista que o senhor tem sobre o mundo. O homem espiritualizado vive em harmonia com os dois planos da vida e transita naturalmente entre eles. Muitas das pessoas que o senhor viu nesta colônia estão encarnadas, mas têm livre acesso aqui, porque acreditam em sua origem espiritual e vêm a este lugar tanto para ajudar quanto para serem ajudadas. Mas o mesmo não se dá com os que duvidam de que a vida espiritual seja uma realidade. Para esses, o acesso ao mundo dos Espíritos é mais restrito; não porque Deus os proíba, mas porque eles próprios, com seus pensamentos materialistas, não fazem a menor questão de estar aqui.

Constrangido com o que acabara de ouvir, Reginaldo perguntou:

– E você, filho, já tinha esses conhecimentos? Acreditava na vida pós-túmulo e na reencarnação?

– Sim – Felipe respondeu com firmeza. – Se procurarem entre os meus livros, verão que nem todos são da faculdade. Alguns tratam desses assuntos. Andei pesquisando o trabalho de Allan Kardec, li biografias de pessoas ligadas ao espiritismo, sempre admirei o trabalho de médiuns abnegados como Chico Xavier, Yvonne do Amaral Pereira, Divaldo Franco e outros tantos que se encarregam de divulgar a realidade da vida espiritual. Infelizmente, o senhor e a mamãe estavam sempre muito ocupados para conversarmos a respeito disso. Muitas vezes eu quis tocar nesse assunto, mas não encontrei abertura. Entretanto, eu tinha certeza de que um dia o momento da conscientização chegaria aos seus corações.

O rapaz fez uma pausa, e seu olhar se encheu de compaixão.

– Eu só não esperava que fosse de uma forma tão dolorosa para vocês!

Reginaldo fechou os olhos e começou a se lembrar das inúmeras vezes que Felipe tentara iniciar uma conversa qualquer, e ele, por estar muito ocupado ou por julgar que tinha assuntos mais importantes a tratar, não lhe dera a devida atenção. Essas lembranças, tão inconsistentes no passado, adquiriam agora uma importância extraordinária. Durante vinte anos ele convivera com o filho sem conhecê-lo verdadeiramente.

Capítulo 13

DESPEDIDA E COMOÇÃO

Tomai, pois, por divisa estas duas palavras: "devotamento e abnegação", e sereis fortes, porque elas resumem todos os deveres que vos impõem a caridade e a humildade.

(O Evangelho segundo o Espiritismo – Capítulo 6 – Item 8 – Boa Nova Editora)

Percebendo a reação negativa que a explicação causava em seu pai, Felipe se sentiu um pouco mal e teve vontade de interromper o que dizia. Mas sabia que Reginaldo precisava da maior quantidade possível de informações, para se conscientizar de que a vida era muito mais abrangente do que o que é alcançado pelos sentidos físicos do corpo humano.

Os conceitos materialistas enraizados em sua mente, desde tempos bastante remotos, eram uma poderosa barreira a ser vencida. Para que isso ocorresse, era necessária uma forte argumentação a projetar luzes de despertamento espiritual.

O rapaz se aproximou de uma janela que ficava na parede de fundos do quarto. Abriu a cortina e disse:

– Aproxime-se, pai. Venha ver uma coisa.

Reginaldo se aproximou.

– Dê uma olhada naquele céu estrelado.

– Estrelado? – ele perguntou. – Mas não é dia?

Felipe sorriu.

– Neste momento, não – respondeu apontando para a abóboda celeste. – Diga-me uma coisa, meu pai: há quanto tempo o senhor não olha para o céu? Há quanto tempo tem se mantido de cabeça baixa ou com os olhos voltados apenas para o chão e as coisas pequenas que o cercam?

Fez um círculo imaginário com as mãos, antes de prosseguir:

– Sabendo que cada pontinho de luz neste imenso universo representa sóis e galáxias infinitas, e que o planeta Terra, que parece tão grande aos nossos olhos físicos, é apenas mais um grãozinho perdido nessa imensidão, o que podemos considerar como verdadeiramente grande? As nossas pequenas conquistas? As nossas minúsculas e transitórias dores, alegrias e caprichos? Ou algo que está acima disso tudo; que criou tudo isso e cuja existência insistimos em ignorar?

Reginaldo estava boquiaberto. Recebia uma aula esplêndida do filho. Depois de algum tempo olhando para o céu, Felipe voltou para a cama. Deitou-se e ofereceu parte do travesseiro ao genitor.

– Venha! Deite-se ao meu lado. Vamos recordar os tempos em que eu era ainda menino. Uma vez o senhor me contou uma história, lembra-se?

O pai fez um ar de autorrepreensão.

– O quê? Em vinte anos de convivência, eu lhe contei apenas uma história?

Felipe fez que sim com um aceno de cabeça.

– Sim, apenas uma.

– Apenas uma... – o pai repetiu inconformado.

– Mas foi uma história bem legal!

– Eu deveria ter lhe contado outras histórias, aproveitado mais a vida junto de você... – Reginaldo respondeu, recostando-se ao lado do filho.

Os dois ficaram olhando para o teto, enquanto Felipe prosseguiu:

– Era a história do Gato de Botas. Eu nunca a esqueci. Sonhava em contá-la um dia para o meu filho, mas, como não foi possível, vou contá-la agora para o senhor mesmo. Tudo bem?

Reginaldo sorriu em um gesto de concordância, e Felipe iniciou a narrativa sobre um pai que tinha três filhos e que, na partilha de bens, acabara legando ao mais novo apenas o gato da família. O filho caçula ficou inconformado, mas o que parecia ter sido um péssimo negócio se tornou extremamente positivo, pois o gato era cheio de artimanhas e, de posse de um par de botas mágicas, fez com que seu dono obtivesse riqueza e poder.

Felipe contou a história do seu modo, introduzindo-lhe situações engraçadas, provocando muitas risadas em seu pai. E os dois permaneceram ali por um longo tempo, até que, a certa altura, o rapaz se sentou na cama e disse:

– Assim como nessa fábula, a vida nos apresenta grandes surpresas, meu pai. Às vezes, o que nos parece uma injustiça ou uma ação do acaso é apenas a realização de algo que precisava acontecer; algo que em algum momento se revelará como positividades para nós. Isso é tudo o que posso lhe dizer por enquanto a respeito de nossa separação física. O resto o senhor saberá com o tempo, acredite.

Felipe lhe deu uma piscadela. Depois voltou a ficar sério e falou:

– Preciso que o senhor diga para a mamãe que as respostas às três perguntas que ela tem me feito são: para a primeira: "Não. Não há a menor possibilidade". Segunda: "Da sua alegria". Terceira: "Com toda a certeza".

– Mas que perguntas ela tem lhe feito?

– Se eu disser, as coisas perdem o sentido, pai. Por favor, apenas dê a ela o meu recado, está bem?

Reginaldo aquiesceu sorrindo, mas logo se entristeceu, pois eu havia acabado de entrar no quarto e não precisei dizer nada para ele perceber que o tempo havia se esgotado.

Notando-lhe o desapontamento, Felipe o abraçou sorrindo.

– Pai, não precisa ficar triste – falou. – Agora o senhor sabe que não estamos separados de fato. É só guardar a lembrança desse encontro. Eu estarei sempre perto do senhor e da mamãe.

– Mas, filho, eu queria tanto ficar aqui com você...

– Tudo a seu tempo, meu velho! Por enquanto, o senhor tem muito que fazer no plano terreno.

– É... Eu sei...

– Então, o senhor me promete que vai cuidar melhor da mamãe?

Reginaldo aquiesceu com convicção, e a despedida ocorreu em um clima de extrema emoção.

O passeio que fizemos permaneceria na lembrança daquele homem como um acontecimento espetacular, que tornaria a sua vida algo bem mais positivo. Antes de deixá-lo em casa, abracei-o fraternalmente e disse:

– Meu irmão, aproveite essa maravilhosa oportunidade que o Criador lhe concedeu e repense os seus valores. Traga mais amor para a sua vida. Traga paz, esperança, alegria... Liberte-se de sentimentos negativos como mágoa, tristeza e remorso, que nada de bom acrescentam à existência humana.

Reginaldo parecia um menino em seu primeiro dia de aula. A emoção que havia experimentado era bastante visível em seus olhos, umedecidos por lágrimas de gratidão.

– Quem é você? – perguntou-me com a voz embargada.

Sorri para ele.

– Eu já respondi a essa pergunta. Meu nome é Francisco, e eu sou um mensageiro espiritual, como muitos que há por aí.

Ele fez um ar de desapontamento.

– Eu sei, mas gostaria de saber mais... O que você fez por mim foi muito importante e vai mudar completamente a minha forma de encarar a vida...

Segurei as mãos de Reginaldo, olhei em seus olhos e disse:

– Meu querido amigo, quando chegamos a um determinado estágio de compreensão, percebemos que não há necessidade de motivação para se fazer o bem. O que fiz por você e seu filho é parte da tarefa voluntária que abracei e cuja realização me enche de prazer. Isto se chama "caridade" e, creia-me, depois que nos acostumamos a praticá-la, torna-se impossível viver de outra forma.

Ele sorriu timidamente e perguntou:

– Como posso recompensá-lo?

Adorei ouvir aquela pergunta e abri um largo sorriso.

– Pode me recompensar aprendendo a ser caridoso com o próximo; sendo mais compreensivo, mais tolerante, mais amoroso com as pessoas.

– Só isso? – ele perguntou, meio desconcertado.

– É isso, mas não é "só" – respondi. – Não pense que é uma tarefa tão fácil assim. Se fosse, o planeta Terra já seria um lugar bem melhor de se viver. – E, antes que nos despedíssemos de vez, aconselhei-o: – Reginaldo, viva intensamente cada dia de sua atual experiência terrena e jamais pense em abreviá-la por qualquer razão que seja. Quando a sua missão estiver terminada, Deus se encarregará de convocá-lo para viver entre nós. Mas ainda não é o momento. Fique em paz, meu irmão!

Capítulo 14

RECONCILIAÇÃO

Vós que compreendeis a vida espiritual, escutai as pulsações de vosso coração chamando esses entes bem-amados, e, se pedirdes a Deus para abençoá-los, sentireis em vós essas poderosas consolações que secam as lágrimas, essas aspirações maravilhosas que vos mostrarão o futuro prometido pelo soberano Senhor.

(O Evangelho segundo o Espiritismo – Capítulo 5 – Item 21 – Boa Nova Editora)

Reginaldo não conseguia se lembrar de como tinha ocorrido seu regresso ao corpo. Sabia apenas que acordara no domingo, custando um pouco a recordar tudo o que havia vivenciado durante aquelas longas horas de sono ininterrupto.

Porém, à medida que ia se lembrando, percebia um forte sentimento de alegria invadindo o seu coração. Era como um magnífico raio de sol que se projetasse, expulsando as trevas sombrias que ali habitavam há um ano.

Nunca mais deveria verter uma lágrima sequer de tristeza pelo traumático episódio, pois não poderia conceber no futuro a imagem do filho morto, mas sim vivo, alegre, cheio de esperança e sabedoria.

No entanto, a crença no imponderável não era, definitivamente, o seu ponto forte. Como saber se tudo aquilo não passara mesmo de um sonho, um devaneio criado pelo desequilíbrio psicológico que lhe antecedera o sono? E a alegria que o envolvera há pouco foi se dissipando, a tristeza ameaçando subjugá-lo novamente.

Reginaldo começou a lutar contra a própria incredulidade. Precisava se conceder ao menos o benefício da dúvida para não voltar a cair em desgraça. Como poderia ter vivido momentos tão marcantes, se tudo não passasse de fantasias criadas por sua mente aturdida?

Foi então que se lembrou do recado de Felipe a Denise e se apegou à esperança de ter como comprovar a veracidade da experiência vivida naquela noite. Procurou papel e caneta, e anotou cuidadosamente as três respostas que o filho havia lhe pedido para entregar à esposa:

Primeira: "Não. Não há a menor possibilidade".

Segunda: "Da sua alegria".

Terceira: "Com toda a certeza".

Ainda programava suas próximas ações, tentando organizar os pensamentos que insistiam em se digladiar entre a crença e a descrença, quando o telefone tocou, tirando-o daquele estado de concentração. Do outro lado da linha, a voz preocupada de seu sogro o inquiria:

– Reginaldo, a Denise está passando muito mal. Estamos pensando em interná-la. Você poderia vir para cá?

– Estou indo imediatamente – respondeu, preocupado.

Lembrou-se da promessa feita ao filho, de que cuidaria melhor de Denise, e ficou ainda mais apreensivo. Se o encontro com Felipe tivesse sido real, havia grande urgência em cumprir o compromisso assumido. Porém, mesmo que tudo aquilo não houvesse passado de um sonho, a relação conflitante com a esposa já estava durando tempo demais e deveria ser repensada.

Meia hora depois, Reginaldo estava em seu carro, seguindo em direção ao interior do estado, rumo à cidade onde seus sogros moravam. Percorreu os 250 quilômetros da rodovia em pouco mais de três horas, tendo chegado à residência deles por volta das onze horas da manhã.

Denise realmente fora levada ao hospital, onde se diagnosticou ingestão excessiva de medicamentos de uso controlado. O caso acabou abafado e nunca houve confirmação, mas todos desconfiaram de que ela havia tentado suicídio. Denise passou todo o domingo em observação e só foi liberada no final do dia. Reginaldo a levou para a casa dos sogros e, lá chegando, a convalescente voltou a dormir.

Justificando sua ausência na empresa, o marido ficou ao lado da esposa na segunda e na terça-feira, quando ela finalmente conseguiu se recuperar. Ao perceber a presença dele e tomar conhecimento de que Reginaldo havia permanecido ao seu lado o tempo todo, Denise se mostrou surpresa, pois tinha certeza de que, devido ao esfriamento na relação de ambos, ele já não se preocupava mais com o seu estado de saúde. Achava mesmo que o pedido de divórcio seria apenas uma questão de tempo.

Mas Reginaldo já não a encarava com o mesmo olhar frio e magoado dos últimos tempos. Pelo contrário, de repente voltara a ver em Denise a mulher especial com quem se casara na juventude. Mesmo sem a certeza de ter de fato se encontrado com Felipe, a experiência daquela noite havia abalado suas estruturas emocionais, levando-o a reconsiderar a postura inflexível como a vinha tratando.

Estava cada vez mais claro que sob o véu ilusório da indiferença afetiva perdurava a esplêndida pulsação de um coração fiel àquele inequívoco sentimento de amor.

Ele se aproximou emocionado e envolveu a esposa em um abraço carinhoso.

– Oh, Denise, que susto você nos pregou! Está se sentindo melhor?

Ela o olhou, constrangida, e respondeu em um fio de voz:

– Sim! Já estou me sentindo bem melhor, obrigada... – Porém, mal acabou de falar e começou a chorar. – Não... Pensando bem, por que tentar me enganar? Não estou nada bem. E nunca mais estarei...

Reginaldo, sensibilizado com aquele mesmo sofrimento que o fizera tão infeliz até bem pouco tempo, entregou a ela uma folha de papel e perguntou:

– Você consegue ler isto?

Denise enxugou os olhos com a manga do roupão que usava. Acenou positivamente a cabeça, apanhou o papel e leu:

– Primeira: "Não. Não há a menor possibilidade". Segunda: "Da sua alegria". Terceira: "Com toda a certeza". – Voltou-se, curiosa, para o marido. – O que significa isto?

Ele olhou nos olhos dela e respondeu com outra pergunta:

– Não são respostas às perguntas que você fez ao Felipe?

Denise ficou muito séria. Voltou a ler o bilhete e, com um olhar assustado, perguntou:

– Como conseguiu isto?

– É uma longa história que eu posso contar, se você estiver disposta a ouvir. Mas, antes, diga-me se isso faz algum sentido.

– É claro que faz! – ela respondeu, ainda surpreendida. – Eu estava arrasada na noite de sexta-feira. Não conseguia dormir e tive muita vontade de me matar. Foi de propósito que exagerei nas dosagens dos remédios que venho tomando para depressão. Apesar de nunca ter acreditado em vida espiritual, a morte do Felipe me levou a questionar muita coisa a esse respeito. Então, eu passei a noite fazendo três perguntas a ele, esperando que nosso filho pudesse me dar algum sinal.

– E quais eram as perguntas?

– Primeiro, perguntei se haveria possibilidade de ficarmos juntos, caso eu me matasse para encontrá-lo. Depois perguntei do que ele mais sentia falta. E, por último, se um dia teremos a oportunidade de ficar juntos novamente.

Reginaldo sentiu um arrepio percorrer-lhe todo o corpo. As respostas coincidiam de forma perfeita com as perguntas formuladas mentalmente por Denise, sem que ninguém tivesse conhecimento, a não ser ela.

Segurou as mãos da esposa e, olhando profundamente nos olhos dela, disse:

– Denise, agora eu já não tenho mais a menor dúvida. Estive com o nosso filho! Passamos várias horas juntos, e foi ele quem lhe enviou este recado.

– Oh, meu Deus! E como ele se encontra? Está em sofrimento?

– O Felipe está bem, minha querida, e, segundo o que me disse, o único sofrimento que tem experimentado é por nossa causa. Na verdade, somos nós, com os nossos sentimentos negativos, com o nosso inconformismo e a nossa tristeza que temos levado inquietação e dor até ele.

A mulher o olhou, praticamente suplicando:

– Por favor, conte-me tudo desde o início. Quero saber todos os detalhes desse encontro.

Emocionados, os dois se abraçaram e conversaram como há muito não faziam. Reginaldo contou tudo o que tinha vivenciado naquela noite e, a partir daquele momento, a luz de um sol maravilhoso voltaria a iluminar suas vidas. O amor que um dia os unira tão fortemente, e que andava adormecido na alma deles, retomaria o comando de seus corações.

Terceira parte

INTERCÂMBIO

A parte que ignoramos é muito maior que tudo quanto sabemos.
Platão

Capítulo 15

MARISTELA

A Terra pertence à categoria dos mundos de
expiação e de provas, e é por isso que o homem
nela é alvo de tantas misérias.

(O Evangelho segundo o Espiritismo – Capítulo 3 – Item 4 – Boa Nova Editora)

Alexandre também havia acordado impaciente na manhã de sexta-feira. A lembrança de que a morte do amigo estava completando um ano deixara-o bastante intranquilo. Na verdade, ele mal conseguira dormir naquela noite, e isso vinha se repetindo já há alguns dias.

Desde a morte de Felipe, sua vida passara por importantes mudanças, e a imagem do amigo no caixão estava ainda muito viva em sua memória – principalmente o fato de parecer que o rapaz sorria, exibindo um semblante bastante sereno, considerando a brutalidade com que fora executado. Todos os colegas de faculdade que haviam estado no velório tinham dito a mesma coisa:

– Parece que ele está dormindo...

Mas Alexandre estava pesaroso. Felipe até poderia estar em paz, mas ele não conseguia se sentir confortável; na verdade, sentia-se o mais imprestável dos seres. Porém o desconforto que guardava em segredo era obscuro demais para ser revelado.

Depois da morte de Felipe, Alexandre abandonara a faculdade. Maristela, sua mãe, ficara inconformada com a decisão do rapaz. Apesar de pobre, conseguira matriculá-lo em uma das melhores faculdades de São Paulo, graças às economias que vinha fazendo desde o nascimento do filho; dinheiro suado que ganhava como cozinheira de um grande restaurante situado na região central da capital paulista.

Porém, Alexandre fora decisivo em sua atitude. Contra as argumentações da genitora, ele dizia quase chorando:

– Por todo lado que olho, lá na faculdade, eu vejo a presença do Felipe. É como se ele estivesse ao meu lado o tempo todo, como quando estava vivo. Acho que estou enlouquecendo, mãe!

Maristela brigou com ele, mas, percebendo-lhe o desequilíbrio emocional e a tendência a desenvolver um quadro depressivo, acabou concordando que o filho desse um tempo, mas que voltasse aos estudos em um ou, no máximo, dois anos.

Assim, fora das salas de aula, o rapaz decidiu arranjar um trabalho provisório. Empregou-se como manobrista em um estacionamento. Era ali, em meio à agitada movimentação de veículos, que se distraía um pouco, aliviando os pesarosos sentimentos que de vez em quando o assaltavam, tirando o sossego de sua alma.

❧

Maristela era o que se poderia chamar de mulher guerreira e determinada. Nascida em um pequeno município do estado de Sergipe, tinha apenas nove anos de idade quando a família se mudou para São Paulo, em busca de melhores oportunidades de vida.

O pai, que não possuía outro ofício a não ser o de lavrador, empregou-se nas atividades da construção civil e nunca passou de um auxiliar de pedreiro, trabalhando muito em troca de um baixo salário que mal dava para sustentar a família – além dele e da esposa, era composta por dois filhos: Maristela e o menino Carlinhos, dois anos mais novo que a irmã.

Com os filhos ainda pequenos, à época da quase forçada migração para o Sudeste, e a esposa diuturnamente ocupada com os infindáveis afazeres de dona de casa, o chefe da família era o único a garimpar sustento para as quatro bocas que precisavam ser alimentadas.

Maristela cresceu em meio à pobreza, ocupando precário barraco em uma área invadida, entremeada por uma rodovia e uma linha de trem, nos arrabaldes da grande cidade que crescia em vertiginosa velocidade para todos os lados; inclusive verticalmente, com a construção de arranha-céus tão altos que pareciam tocar as nuvens.

Era uma menina prestativa e carinhosa com a mãe, porém, mais ainda com o irmãozinho, por quem nutria um amor especial. Seu único problema era com o pai, um homem mal-educado que tinha o hábito de beber cachaça para esquecer as desgraças da vida. O que ele não percebia era que a maior desgraça da família eram justamente as suas bebedeiras.

Quando estava sóbrio, o nordestino era um homem pacato e, embora não acostumado a delicadezas, tratava a esposa e os filhos com certa dignidade. Porém, quando bebia – o que acontecia quase todos os dias –, ele se transformava em um sujeito intolerante, briguento e insuportável.

Muitas vezes, as brigas começavam com os colegas de copo, no próprio boteco onde o pai de Maristela enchia a cara. Então ele já chegava em casa nervoso. Outras vezes, evitava passar pelo bar e voltava sossegado, mas a tranquilidade só durava até o momento em que, virando-se para a filha, ordenava:

– Vá ao boteco me buscar uma garrafa de cachaça.

Maristela se revoltava. Tentava arranjar uma desculpa qualquer:

– Mas, pai, está cheio de homem lá.

– Leve o seu irmão junto. Ele vai tomar conta de você.

– Mas a tira do meu chinelo está arrebentando... – inventava outra desculpa.

– Então, vá descalça – o genitor gritava impaciente. – E diga ao vendeiro que bote a cachaça na conta e que me mande também um maço de cigarros. Diga a ele que no fim da semana eu pago tudo.

Sem alternativa, Maristela saía de mãos dadas com Carlinhos e ia à birosca buscar o que sabia ser motivo de atritos em seu lar. Ia chorando, enxugando os olhos na gola do vestidinho roto, apesar de sempre muito limpo e engomado. Ela mesma fazia questão de cuidar de suas roupas e as mantinha bem conservadas.

Minutos depois de ter aberto a garrafa de cachaça, o nordestino já se encontrava em estado alterado. Falava com voz arrastada e agressiva, cuspia no chão e ficava inventando motivos para brigar com toda a família. Nesses momentos de carraspana, ninguém escapava de sua hostilidade.

Quase sempre, as provocações do bêbado terminavam em agressão física. Tanto a esposa quanto os filhos sentiram diversas vezes o peso das grossas mãos daquele homem em sua pele, causando-lhes feridas que se curavam com o tempo, mas que permaneciam vivas em algum recanto insondável de suas almas.

Capítulo 16

TRAUMAS

*A situação material e moral da Humanidade terrestre
nada mais tem que espante dando-se conta da destinação
da Terra e da natureza daqueles que a habitam.*

(O Evangelho segundo o Espiritismo – Capítulo 3 – Item 6 – Boa Nova Editora)

Apesar da pobreza e da violência doméstica, Maristela se mantinha firme, ajudando a mãe a superar também tanta adversidade. Porém, quando ela estava com doze anos, um acontecimento a fez perder a serenidade.

Tudo se deu em uma noite quando, após esvaziar a garrafa de aguardente que mantinha em casa, o pai a mandou ir ao boteco comprar mais bebida e o indispensável cigarro, cujo vício era mantido desde a adolescência.

Movida por um sentimento que mesclava revolta e inocência, Maristela teve uma ideia própria das crianças de sua idade: compraria o cigarro para o pai, mas, em vez de mandar o vendeiro encher-lhe a garrafa com a cachaça que era armazenada em um tonel posicionado em cima do balcão da birosca, ela a supriria com a água de um córrego que passava nas proximidades.

Em sua ingenuidade, a menina achou que o pai já estava bêbado o suficiente para não notar a diferença. Se a estratégia desse certo, ela teria evitado mais aborrecimentos para a família naquela noite. Fingindo uma normalidade que estava longe de existir, entregou a garrafa ao genitor e ficou observando-o a distância, torcendo para que o plano funcionasse.

Mas, quando o homem encheu um copo com o que pensava ser cachaça e o virou em um só gole, engasgou-se e teve um forte ataque de tosse e vômitos que o deixou em frangalhos. Ao constatar o equívoco de sua ação, Maristela correu para o quarto, deitou-se na cama, cobriu-se e ficou quietinha.

Meia hora depois, já recuperado da crise, ele invadiu o quarto com um pedaço de fio elétrico, descobriu-a e a surrou sem piedade. Enquanto Maristela apanhava, implorando para que o pai a perdoasse, a mãe e o irmão choravam do lado de fora, pois não lhes fora permitido entrar no quarto.

Mesmo depois do cruel castigo, o nordestino fez a filha se levantar e ir ao boteco comprar-lhe a bebida.

– Até já perdi a vontade de beber – ele falou com a voz carregada de ódio –, mas você vai ter que comprar minha cachaça, para aprender a lição.

Maristela saiu do quarto ainda chorando, com o corpo cheio de vergões arroxeados, e os olhos vermelhos e inchados. As pernas doíam tanto, que ela seguia mancando. Carlinhos a acompanhou de mãos dadas.

Quando chegaram à margem da rodovia, que precisava ser atravessada para se chegar ao boteco, o menino se condoeu ainda mais, percebendo que a irmã estava com muita dificuldade para caminhar.

– Fique aqui – ele disse. – Eu vou sozinho no bar e compro a cachaça do papai.

Maristela discordou:

– Não. É muito perigoso atravessar a estrada. Vamos juntos, como sempre.

– Mas eu já aprendi como se faz para atravessar – o menino contestou. – Perigoso vai ser com você mancando desse jeito. Fique aqui e me espere que eu já volto – e, antes que Maristela voltasse a contestar, ele pegou a garrafa.

Como não havia faróis iluminando a pista naquele momento, Carlinhos deduziu que nenhum veículo iria passar. Saiu correndo e rapidamente chegou do outro lado da estrada, desaparecendo na escuridão da vereda que levava ao bar.

Com o coração despedaçado e o corpo cheio de dores, Maristela deitou-se no gramado que ladeava a rodovia e ficou olhando para o céu. Era uma noite escura, sem lua nem estrelas. Nuvens enegrecidas prenunciavam um temporal. Porém, uma tempestade ainda mais terrível estava por desabar sobre a sua pobre alma.

Passados uns dez minutos, ela viu a silhueta do irmão aparecer do outro lado da pista, no momento em que o farol de um veículo projetou luzes sobre ele. Carlinhos estava esperando que todos os carros passassem, para só então atravessar.

Quando tudo se tornou escuro, ele correu para o meio da pista e foi colhido em cheio por uma motocicleta que, certamente com problemas elétricos, trafegava com os faróis apagados. Carlinhos foi lançado a grande distância e caiu languidamente no asfalto.

A cachaça que comprara para o pai e o sangue se misturaram no chão, formando um desenho sombrio em torno do corpo franzino da criança, que tivera morte instantânea.

✦━✦━✦

O trauma causado pela morte de Carlinhos nunca havia sido totalmente superado por Maristela, principalmente pelo fato de se sentir culpada pela tragédia. Se não tivesse levado água em vez da cachaça que o pai a mandara comprar... Se não tivesse deixado o irmão ir sozinho ao boteco... Se ao menos o tivesse esperado do outro lado da rodovia, para atravessarem juntos... E todos esses questionamentos causavam-lhe grande aflição, um desejo imenso de recuar no tempo e fazer tudo diferente desta vez.

Mas, de certo modo, aquele sofrimento serviu para que a menina ingênua e medrosa amadurecesse como pessoa. A partir daquele momento, Maristela perdeu o que ainda tinha de respeito e temor pelo pai. Passou a enfrentá-lo e a negar-se a satisfazer suas vontades absurdas.

Suportou com tamanha coragem e indiferença as surras a que foi submetida por conta dessa determinação, que, com o passar do tempo, o genitor acabou desistindo de espancá-la. Pensou que a filha se tornara insensível à dor.

Mas ele estava muito enganado. O que a motivava a se manter impassível era justamente o excesso de dor que tivera de suportar com a morte do irmão tão querido. Uma espécie de "calo" havia se desenvolvido em sua alma, tornando rija a parte delicada onde as agressões se faziam sentir com mais intensidade.

Maristela aprendera a conter o choro e a fingir que não se importava, para que o pai não tivesse o prazer de saber o quanto a machucava, mas ninguém fazia ideia da amargura e da revolta que lhe corroíam por dentro, enquanto sentia na pele a crueldade gratuita a que era submetida.

Inicialmente, tentou induzir a mãe a fazer o mesmo, a tratar aquele homem com total desprezo, mas acabou desistindo, pois percebeu que a genitora estava subjugada demais para mudar de postura. Acostumara-se aos maus-tratos, às marcas arroxeadas em torno dos olhos e às escoriações que se distribuíam pelo corpo, e passara a ver tudo aquilo com naturalidade.

Aos treze anos, sem sequer pedir autorização ao pai, Maristela conseguiu emprego como doméstica em uma grande residência. Ali, além de fazer a limpeza, ajudava a patroa a cuidar de um filhinho recém-nascido. Nesse ofício, ela teve despertado em si o instinto da maternidade. Com o tempo, conquistou a confiança dos patrões e passou a acompanhá-los em passeios e viagens. Passou também a dormir na casa deles, em um quartinho pequeno, porém limpo e confortável, que lhe fora oferecido, e apenas esporadicamente frequentava o barraco onde vivera.

Parte do dinheiro que Maristela recebia era dada à genitora, e o restante era usado para comprar as poucas coisas de que gostava. Porém, um dia, vendo que a mãe não adquiria nada para si mesma, questionou-a sobre a destinação do dinheiro. A mulher confessou que o marido a obrigava a comprar bebida e cigarros para ele. Desde então, Maristela deixou de entregar valores à mãe e passou a oferecer-lhe apenas alguns agrados.

Capítulo 17

COMPENSAÇÃO

Entretanto, Deus não abandona nenhuma das suas criaturas; no fundo das trevas da inteligência jaz, latente, a vaga intuição de um Ser supremo mais ou menos desenvolvida. Esse instinto basta para torná-los superiores uns aos outros e preparar sua eclosão para uma vida mais completa; porque não são seres degradados, mas crianças que crescem.

(O Evangelho segundo o Espiritismo – Capítulo 3 – Item 8 – Boa Nova Editora)

Alguns anos mais tarde, os pais de Maristela tiveram um final de vida bastante curioso. O homem começou a se sentir mal, fez exames médicos e descobriu que estava com gravíssima cirrose hepática, provocada pelo consumo excessivo de álcool. Enquanto ele travava uma luta inútil contra a enfermidade, a esposa descobriu que estava com câncer de pulmão, com grande possibilidade de haver adquirido a doença pela ingestão de fumaça dos cigarros que o marido fumava o tempo todo, inclusive à mesa de refeição e a qualquer hora da noite ou da madrugada, no cômodo acanhado que usavam como dormitório.

Os dois morreram em um espaço de três meses, e o antigo barraco que ocupavam foi invadido por outra família, pois

Maristela não fazia a menor questão de voltar a viver naquele triste ambiente, onde deixara tantas recordações negativas.

Seu relacionamento com os patrões tornara-se bastante sólido, e ela se sentia quase como um membro daquele lar, cuidando amorosamente dos filhos do casal, que agora eram dois meninos e duas meninas, todos extremamente apegados à babá, a quem chamavam "Téinha", devido à impossibilidade de pronunciarem seu nome do modo correto.

Maristela se tornou uma moça bonita, educada e muito esforçada no trabalho. Aos vinte anos, conheceu um rapaz que trabalhava como feirante e se sentiu bastante atraída por ele. O jovem também se mostrou interessado pela moça, e os dois começaram a namorar. Seis meses depois, estavam morando juntos em uma pequena casa alugada.

A vida conjugal durou apenas dois anos e terminou em tumulto, pois o rapaz, que se mostrara gentil e amoroso no início da relação, acabara se revelando ciumento e agressivo com o passar do tempo. Começara a ditar regras, a implicar com tudo o que a esposa fazia e a exigir, entre outras coisas, que ela deixasse o emprego para se dedicar inteiramente a ele.

Maristela se viu revivendo a situação insustentável do passado. Percebeu que, se não tomasse uma atitude drástica, acabaria tendo o mesmo destino da mãe. Além disso, os possíveis filhos que viesse a ter com aquele homem poderiam passar pela mesma situação traumática que ela e o irmão tinham vivenciado nas mãos do pai. E essa possibilidade, mais do que qualquer outra coisa, era inconcebível em seus pensamentos.

Porém, com o fim do complicado relacionamento, Maristela passou a ser perseguida pelo ex-companheiro, que não se conformava com o rompimento e queria obrigá-la a viver ao lado dele de qualquer forma, chegando mesmo a ameaçá-la de morte e repetindo o antigo jargão adotado pelos potenciais criminosos passionais:

– Se não é para ser a minha mulher, você não será de mais ninguém!

Percebendo o risco que corria, a forma que Maristela encontrou de se ver livre daquela enrascada foi recorrendo à polícia. Contando com o apoio do patrão, que era oficial militar e exercia relativa influência junto às autoridades policiais, ela conseguiu fazer com que o sujeito fosse chamado à delegacia e ameaçado de severa punição, caso insistisse em persegui-la.

Como, no fundo, não passava de um grande covarde – como a maioria dos homens que persegue e agride mulheres –, ele simplesmente desapareceu, deixando-a em paz. Somente depois desse tumultuado período foi que Maristela descobriu estar grávida.

Os dias seguintes foram cheios de dificuldades e incertezas, mas ela não se entregou. Decidiu que criaria o filho sozinha mesmo, e foi o que fez. Quando o menino nasceu, recebeu o nome de Alexandre. A presença daquela criança bela e saudável representava para ela uma compensação por todo o sofrimento que havia enfrentado até aquele momento de sua vida. Maristela convidou os patrões para o apadrinharem, e eles aceitaram com boa vontade.

Alexandre cresceu cercado de carinho e cuidado. Maristela prometeu para si mesma que jamais permitiria que qualquer pessoa o maltratasse. Em função disso, dispensou todos os novos pretendentes que apareceram em sua vida, principalmente ao perceber que se tratava de homens viciados e detentores de sentimentos possessivos.

§━━━§

Quando Alexandre chegou à adolescência, Maristela decidiu que era hora de buscar um trabalho mais rentável, para que o filho tivesse a oportunidade de estudar e conquistar uma boa profissão. Foi com grande tristeza que deixou a residência onde fora tão bem acolhida e onde vivera por tantos anos. Precisava partir em busca de melhores condições de vida.

Foi assim que Maristela se empregou naquele grande restaurante, onde iniciou suas atividades como auxiliar de cozinha para, em pouco tempo, dadas a incrível capacidade de aprendizado e a imensa vontade de crescer, tornar-se exímia cozinheira, conquistando importante espaço no ambiente de trabalho.

Com as economias que fizera ao longo dos anos, Maristela adquirira uma residência relativamente confortável em um programa habitacional do governo, parabenizando-se por mais essa conquista. As dores e misérias do passado, se não podiam ser esquecidas, ao menos tinham se abrandado, e a vida enfim começava a tratá-la de um modo mais favorável.

Quando Alexandre havia entrado para a faculdade, Maristela se sentira orgulhosa e passara a se dedicar ainda mais ao trabalho, para que nada atrapalhasse os estudos do filho tão querido, a quem amava com a mesma intensidade com que, no passado, amara o irmão Carlinhos.

No dia em que o filho lhe apresentara o amigo Felipe, Maristela percebera a grande afinidade que os unia e ficara feliz, pois ambos eram filhos únicos e pareciam ter encontrado no outro o parceiro ideal para os estudos e as diversões pertinentes à idade que possuíam. Além de educado, o amigo de seu filho era com toda a certeza um rapaz ajuizado e de coração boníssimo.

Assim, quando a mãe de Alexandre tomou conhecimento do assassinato de Felipe e das prováveis causas do crime, custou a acreditar que o rapaz fosse usuário de drogas. Mas não havia razão para duvidar do relato feito pelo filho. Lamentou imensamente o sofrimento dos pais do jovem morto – apesar de não conhecê-los – e se felicitou uma vez mais por ter oferecido uma educação exemplar ao seu garoto.

Capítulo 18

SEQUESTRO

Em vosso mundo, tendes necessidade do mal para sentir o bem, da noite para admirar a luz, da doença para apreciar a saúde; nos mundos elevados, esses contrastes não são necessários.

(O Evangelho segundo o Espiritismo – Capítulo 3 – Item 11 – Boa Nova Editora)

Alexandre estava na última semana de trabalho no estacionamento, pois havia prometido à mãe que voltaria para a faculdade. Em uma tarde em que manobrava o veículo de um cliente, levando-o à saída do estacionamento, foi abordado por dois rapazes armados que estavam à espreita e o renderam em uma ação muito rápida, dizendo tratar-se de um assalto. O jovem ergueu as mãos e quis sair do carro, mas um dos sujeitos ordenou:

– Fique onde está. Você vai ser o nosso motorista.

Um dos bandidos sentou-se ao seu lado e o outro no banco de trás, com a arma apontada para a cabeça de Alexandre.

– Vamos, vamos, seu molenga! – gritou o sujeito que estava no banco do carona.

Nervoso e assustado, Alexandre errou na hora de engatar a marcha, e o motor do carro deu uma engasgada.

– Acelera logo esse troço! – ordenou o bandido que estava no banco de trás, batendo com o cabo do revólver nas costas dele enquanto o xingava com desconcertantes palavrões.

Alexandre conseguiu arrancar com o veículo e, à medida que os três se distanciavam da região central, ele ficou ainda mais apreensivo, pois percebeu que conhecia aquele trajeto. Logo chegaram à mesma favela onde Felipe fora assassinado. Alexandre torceu para que tudo não passasse de uma infeliz coincidência, mas o caso era bem mais grave.

O carro foi estacionado em uma daquelas vielas quase desertas. Alexandre foi conduzido com truculência a um barraco sujo e desarrumado. Um dos bandidos ficou com ele, apontando-lhe o revólver, enquanto o outro foi chamar alguém.

Quando retornaram, Alexandre percebeu que estava mesmo em uma grande enrascada. O sujeito que acabara de chegar o encarou com raiva e grunhiu com um riso nervoso:

– Então o *playboy* achou que ia se livrar numa boa, não é? Custou, mas consegui desentocar você.

Alexandre quis dizer qualquer coisa, mas foi interrompido com um soco tão violento no rosto, que desabou no chão imundo do barraco. Ainda caído, levou vários chutes pelo corpo.

– Não lhe dei o direito de falar nada – gritou o bandido, enquanto o agredia. – Você teve muito tempo pra vir aqui se acertar com a gente, mas tivemos que trazê-lo à força. Seu tempo de negociação acabou. Você é um defunto, entendeu? E os defuntos não falam, não negociam, não fazem nada.

Mesmo quando cessaram as agressões, Alexandre permaneceu caído; em parte, por medo de apanhar mais; em parte, por não ter condições de se erguer sozinho, tamanha era a dor que sentia em várias partes do corpo.

O agressor olhou para os dois parceiros e disse:

– Amarrem bem esse maldito e coloquem uma mordaça e um capuz nele. Depois escondam o carro lá perto dos eucaliptos. Quando escurecer, a gente o depena e aproveita pra dar um fim nesse caloteiro. – Dizendo isso, saiu do barraco. Mas voltou poucos minutos depois, respiração ofegante, olhos arregalados, arma em punho... Entrou apressado e trancou a porta. – A polícia, droga! Tá cheio de policial aí fora. A favela tá cercada, mano!

– Vai ver o maldito carro que a gente trouxe tem rastreador – observou um dos comparsas, olhando a movimentação externa através de uns buracos existentes nas tábuas das paredes. – O que vamos fazer?

– Vamos meter bala neles! – vociferou o outro. – Me entregar é que eu não vou mesmo.

Ouvindo aquela movimentação, Alexandre, que permanecia caído, sentia-se ao mesmo tempo aliviado e com medo, prevendo que estava prestes a haver um tiroteio naquele local.

De fato, logo um policial, que utilizava um megafone, deu ordem aos bandidos para se entregarem. A resposta foi um disparo de revólver em direção às viaturas, feito por uma fresta da pequena janela do barraco. Com isso, iniciou-se uma intensa troca de tiros que durou alguns minutos.

Quando o tiroteio cessou, dois bandidos estavam mortos e um gemia a um canto, gravemente ferido. O barraco foi arrombado, mas Alexandre não conseguiu ver os policiais entrarem, pois sua vista estava turva e algo lhe queimava dentro do abdômen. Ele também fora baleado e sentia o sangue se esvaindo em algumas partes de seu corpo.

Antes de perder os sentidos, o rapaz notou que alguém lhe fazia uma leve carícia no rosto. Entreabriu os olhos e viu um semblante familiar, em uma imagem desfocada.

– Felipe! – ele exclamou em um sussurro, sem conseguir ordenar os pensamentos e ter uma visão mais clara do que estava acontecendo. – Eu morri?

O inseparável amigo do passado, entre sorridente e pesaroso, levou o dedo indicador aos lábios e respondeu:

– *Shiu...* Não precisa dizer nada agora. Acalme-se. Vai ficar tudo bem!

Alexandre acordou sentindo o toque suave de dedos que se enovelavam em seus cabelos. Fez um esforço para abrir os olhos, mas eles estavam pesados e desobedientes. Aos poucos, sua mente foi se aclarando, e ele, recordando-se da última visão que tivera antes de desfalecer, perguntou com voz arrastada e sonolenta:

– Felipe? É você que está aí?

E a resposta veio em meio a um choro de alívio:

– Não, meu filho! Sou eu. Graças a Deus, você saiu do coma!

– Mãe?

– Sim, Alexandre, sou eu mesma.

– Cadê o Felipe?

– O Felipe está morto.

– Não. Ele não está morto, mãe. O Felipe falou comigo.

– Foi um sonho, filho. Acabou de fazer um ano que ele morreu.

Alexandre fez um longo silêncio, possivelmente tentando juntar os cacos de seu confuso raciocínio.

– Onde estou?

– No hospital.

– Hospital?

– Sim, meu filho.

– Há quanto tempo estou aqui?

– Há doze dias. Mas o importante é que você acordou!

O rapaz quis fazer mais perguntas, porém uma sonolência incontrolável o subjugou e ele voltou a dormir. Maristela chamou uma das enfermeiras e deu a boa notícia de que o filho havia acordado e conversado com ela.

Nos dias que se seguiram, Alexandre ficou alternando momentos de lucidez com outros de inconsciência.

Apesar de haver saído do coma, seu estado de saúde era bastante delicado e exigia constantes cuidados da equipe médica que o atendia. Maristela fora aconselhada a remover o filho para uma clínica particular, já que o atendimento naquele hospital público, apesar da boa vontade dos profissionais que ali atuavam, era muito limitado, devido ao excesso de pacientes e à precariedade dos equipamentos.

Alexandre já fora submetido a uma cirurgia de emergência para estancar uma hemorragia interna, mas precisaria passar por outras intervenções cirúrgicas a fim de reparar as sequelas provocadas pelos projéteis em importantes regiões de sua medula espinhal. Esses procedimentos ainda não tinham sido feitos devido às deficiências daquela unidade de saúde.

Maristela considerou a possibilidade de removê-lo para outro lugar, mas, informada sobre o quanto lhe custaria a internação em uma clínica particular, mudou de ideia. Ela não tinha condições financeiras para arcar com todas aquelas despesas.

Porém, mesmo com tanta adversidade, Alexandre se mostrava um pouco mais disposto a cada vez que acordava, ficava conversando com sua mãe até o momento em que aquela invencível fraqueza voltava a subjugá-lo.

Um dia, com voz chorosa e aflita, ele disse:

– Mãe, eu preciso contar uma coisa muito grave para a senhora.

Ela o encarou, enternecida.

– Sossegue, meu filho. O doutor falou para você não se esforçar tanto...

– Eu sei, eu sei. Mas preciso lhe falar. Por favor, me ouça!

A mãe se aproximou e segurou a mão dele.

– Está bem, mas fale devagar, com calma. Prometo que vou ouvi-lo em silêncio e que não vou sair daqui.

O rapaz conversou longamente com ela, fazendo-lhe surpreendente revelação. Ao fim da conversa, os dois estavam chorando.

– Perdoe-me, mãe! Por favor, me perdoe!

– Está perdoado, meu filho! Eu não entendo por que você fez isso, mas o amo muito e não deixaria de amá-lo por nada deste mundo.

– Preciso me livrar desse pesadelo. A senhora me ajuda?

Ela fez um aceno vigoroso com a cabeça.

– É claro que eu vou ajudá-lo! Não se preocupe.

Alexandre voltou a dormir, e Maristela ficou olhando para aquele rosto pálido, sentindo o coração tomado pela angústia. Como não percebera nada do que o filho acabara de lhe revelar?

Capítulo 19

VERDADE

Que a impiedade, a mentira, o erro, a incredulidade sejam extirpados de vossas almas doloridas; são esses os monstros que se saciam de vosso sangue mais puro, e que vos ferem quase sempre mortalmente.

(O Evangelho segundo o Espiritismo – Capítulo 6 – Item 7 – Boa Nova Editora)

Em um sábado de manhã, Reginaldo recebeu uma ligação. Do outro lado da linha, uma aflita voz feminina pedia para falar com Denise, dizendo que o assunto era urgente. Era Maristela. Ela contou que o filho estava internado em um hospital público, que seu estado de saúde era muito grave, e que ele implorava para conversar com a mãe de Felipe.

Entre preocupado e curioso, Reginaldo anotou o endereço do hospital, chamou a esposa e os dois se dirigiram para o local. Lá chegando, conduzidos à enfermaria, encontraram o melhor amigo de Felipe bastante debilitado. Ao ver Denise, ele forçou um sorriso que mais pareceu uma máscara de dor e pediu que ela se aproximasse.

– Que bom que a senhora veio! Se eu não escapar desta, pelo menos vou morrer mais tranquilo... – balbuciou.

– Não diga isso – retrucou Denise, acariciando-lhe o rosto. – Você ainda vai viver muito. Acredite!

– Coragem, meu rapaz! – incentivou Reginaldo, sensibilizado com o estado de saúde do jovem.

Maristela fez sinal para que Reginaldo a acompanhasse e se dirigiu à sala de visitas, contígua à enfermaria. Denise permaneceu ao lado de Alexandre, que disse, lançando para ela um olhar de constrangimento:

– Preciso lhe pedir perdão, dona Denise... Contei uma mentira muito grave para a senhora em nossa última conversa.

Ela o encarou, séria.

– Mentira? Mentira sobre o quê?

– Sobre tudo, infelizmente. Eu estava muito assustado e tive medo de assumir a culpa pelas coisas ruins que aconteceram ao Felipe. Por isso, fingi que não tinha nada a ver com aquela história... Mas agora estou quase louco com tudo isso.

Ela o olhou com mais seriedade ainda.

– Alexandre, está querendo me dizer que também usava drogas?

– Na verdade, somente eu era usuário de drogas. O Felipe não tinha nenhum vício. Eu me tornei dependente aos quinze anos, quando uns colegas do colégio me convidaram para usar e me garantiram que, se fosse só uma vez, eu não ficaria viciado. Acreditei neles, mas bastou experimentar uma vez para que eu nunca mais conseguisse me livrar do vício. Foi a maior luta para que minha mãe não percebesse nada. Eu não queria decepcioná-la, mas, ao mesmo tempo, não conseguia resistir à vontade de me drogar...

Denise levou as duas mãos à boca, como se quisesse abafar um grito. Quis formular uma frase, mas as palavras não surgiam:

– Mas... Então...

O rapaz baixou os olhos. Estava com muita dificuldade para revelar todas aquelas verdades.

– Quem usava e repassava droga aos colegas da faculdade era eu. O Felipe sempre me aconselhou a parar com aquilo. Ele fazia de tudo para me ajudar, para que eu me conscientizasse...

– Meu Deus! Mas, então, o que meu filho estava fazendo naquela favela? Por que os traficantes o mataram?

Alexandre respondeu com a voz embargada pelo pranto que ameaçava vir à tona:

– Ele foi tentar me ajudar. Eu estava devendo muito para os fornecedores de drogas. Perdi o controle da situação. Gastei dinheiro que não era meu, e alguns colegas também não me pagaram. Os traficantes ameaçaram me matar. Eu estava desesperado. Contei tudo ao Felipe, e ele achou que podia me ajudar conversando com os bandidos, negociando um prazo para eu quitar o débito... Mas não adiantou... Além de o matarem, eles não me perdoaram também. Por isso estou aqui, entre a vida e a morte...

Antes de terminar o que estava dizendo, o rapaz começou a chorar convulsivamente, o que lhe provocou uma crise de tosse. Precisou ser socorrido por uma enfermeira, que pediu a Denise que se retirasse por um tempo.

※

Na sala de espera, Maristela acabara de contar a Reginaldo os pormenores da mesma história que Denise ouvira de Alexandre.

– Eu nunca desconfiei de que meu filho fosse usuário de drogas – ela dizia no momento em que Denise se aproximou. – Muito menos que tivesse envolvido o filho de vocês nessa enrascada toda. O Felipe esteve algumas vezes em minha casa, e eu percebi logo de cara que se tratava de um rapaz maravilhoso...

– Sim. Um rapaz maravilhoso que teve a vida interrompida por causa da irresponsabilidade do seu filho – completou Denise com despeito.

Maristela se virou surpresa, pois ainda não havia percebido a aproximação da mãe de Felipe. Extremamente constrangida, tentou se justificar:

– A senhora tem toda a razão, dona Denise. Se eu estivesse no seu lugar, estaria muito revoltada também. Mas este momento é delicado para todos nós...

Denise a encarou com frieza.

– Tão grave quanto provocar o assassinato do Felipe foi o Alexandre nos fazer acreditar que o nosso filho era um drogado. Se ele ao menos houvesse tido a dignidade de nos contar a verdade desde o início... Eu e meu marido tivemos um ano horrível, sabia? Brigamos muito, trocamos sérias acusações e quase nos separamos por causa disso.

Reginaldo, mais contido e equilibrado, tentou acalmar as coisas:

– Mas tudo isso é passado, querida. Vamos olhar para frente...

– E esquecer o que aconteceu? Como se fosse a coisa mais fácil do mundo? – atalhou Denise com voz bastante alterada. – Nosso filho pagou um preço muito alto sem nada dever. Não era ele quem deveria estar naquela favela, negociando com aqueles malditos traficantes. Não era ele que deveria ter sido cruelmente assassinado em plena juventude...

– De qualquer modo, sua morte não foi em vão – disse Maristela, quase suplicando compaixão. – Depois daquela tragédia, o Alexandre nunca mais voltou a usar drogas.

– Ah, não? – perguntou Denise.

Maristela fingiu não notar o sarcasmo.

– Não, dona Denise! Ele disse que, depois que o Felipe morreu, a vontade de se drogar era sempre vencida pela lembrança do sacrifício que o amigo fez para ajudá-lo. Alexandre não queria que a morte do Felipe fosse em vão...

– E como é que você pode ter certeza disso? – inquiriu Denise secamente. – Seu filho acabou de provar que é um mentiroso muito astuto, pois passou vários anos enganando a própria mãe. Como pode ter certeza de que ele não a está traindo novamente?

Maristela baixou a cabeça. Notou que nenhuma argumentação faria aquela mãe revoltada mudar sua postura agressiva.

Denise deu as costas a Maristela e foi se afastando, apressada. Parecia que o ar ali se tornara irrespirável.

– Vamos embora, Reginaldo – falou, já saindo. – Não há mais nada para fazermos aqui.

O marido se despediu de Maristela com um discreto movimento de cabeça e acompanhou a esposa.

A mãe de Alexandre ficou chorando, desconsolada. Além da humilhação que acabara de sofrer, havia ainda a grande incerteza sobre o futuro de seu filho. O quadro de saúde dele era muito grave, e ninguém lhe dava nenhuma garantia de que o rapaz fosse sobreviver.

Dias depois, a polícia obteve a confissão do bandido que sobrevivera ao tiroteio na favela, admitindo não somente o sequestro de Alexandre, com o objetivo de matá-lo, como também o assassinato de Felipe, ocorrido um ano antes, quando ele fora negociar a dívida do amigo.

Na ocasião, além de não aceitar os argumentos do rapaz de que Alexandre só precisava de mais algum tempo para quitar sua dívida, os bandidos ainda tentaram sequestrá-lo. Queriam que Felipe os levasse à sua casa, onde pretendiam cometer um assalto e sabe-se lá quais outros tipos de barbárie. Mas o rapaz se recusou a obedecê-los e por isso fora covardemente assassinado.

Com a confissão dos crimes de latrocínio, tentativa de assassinato e tráfico de drogas, o homem preso foi julgado algum tempo depois e condenado a trinta anos de reclusão.

– É lamentável que o filho de vocês tenha morrido – disse o delegado a Reginaldo e Denise –, mas a atitude dele foi um verdadeiro ato de heroísmo. Felipe preferiu morrer a levar os bandidos para dentro de casa, colocando em risco a segurança de toda a família.

Essa revelação deixou os pais de Felipe ainda mais emocionados. Para Reginaldo, cada vez fazia mais sentido o fato de Felipe ter se mostrado tão em paz no encontro que tivera com ele no plano espiritual.

Capítulo 20

DOR DE LOURENÇO

No estado de desencarnados, quando planáveis no espaço, escolhestes vossa prova, porque vos acreditastes bastante fortes para a suportar; por que reclamar nessa hora?

(O Evangelho segundo o Espiritismo – Capítulo 5 – Item 19 – Boa Nova Editora)

Sem o peso do remorso que os subjugara ao longo daquele ano, Reginaldo e Denise tiveram suas vidas mais ou menos normalizadas. Naturalmente, a ausência física de Felipe ainda era forte motivo de sofrimento para ambos; afinal, o quarto alegre do filho permanecia vazio, mas agora não havia aquele desespero da dúvida e do arrependimento.

Certo dia, refletindo sobre o encontro que tivera com Felipe no plano espiritual, Reginaldo procurou Lourenço, o colega de trabalho que era espiritualista, e conversou com ele sobre a extraordinária experiência vivida. O outro se mostrou feliz, mas não surpreso.

– O que aconteceu com você é uma situação bastante corriqueira, meu amigo.

– Corriqueira? Difícil acreditar nisso...

Lourenço sorriu.

– Você continua duvidando, Reginaldo?

– Não. Da veracidade do meu encontro com o Felipe eu não tenho mais a menor dúvida. Difícil é acreditar que essas experiências sejam corriqueiras, como você disse.

– Pois acredite. O problema é que poucos de nós conseguem se lembrar dessas incursões ao plano espiritual, ou as confundimos com sonhos e não lhes damos a devida importância. Porém, mesmo quando fazemos isso, pelo menos uma sutil lembrança desses encontros fica gravada em alguma gaveta de nossos arquivos mentais, funcionando como um bálsamo a suavizar a ferida aberta pelo distanciamento do ente querido.

– Uma lembrança inconsciente? Isso não é contraditório?

– Não é uma completa inconsciência. Se fosse assim, não teria o efeito desejado. A recordação de que estivemos no plano espiritual com o ente querido e das conversas que tivemos com ele fica armazenada numa região bastante sensível do nosso campo mental. As atribulações do dia a dia a esconde, assim como essas grandes nuvens que encobrem o sol por algum tempo. Porém, do mesmo modo como o sol ressurge com a passagem da nuvem, a lembrança do que ocorreu no plano espiritual reaparece quando estamos em repouso.

– Ou seja, quando estamos dormindo.

– Não necessariamente. Essas lembranças podem surgir como flashes muito sutis em diversos momentos: durante o banho, no trânsito, no meio de uma leitura... Mas ocorrem com mais frequência durante a prece. É a partir daí que começam a surgir o consolo e a aceitação dos fatos, apesar do trauma que eles nos causam e do sentimento de perda, que nos marca tão profundamente.

Reginaldo olhou para o amigo com certa curiosidade.

– Poxa, Lourenço, ouvindo você falar assim dá a impressão de que passou por uma experiência traumática.

O outro suspirou fundo.

– E passei mesmo, meu amigo. Você gostaria de ouvir a minha história?

Reginaldo assentiu com um movimento de cabeça. Estavam sentados no banco de uma pequena praça que havia no pátio da empresa. Haviam acabado de almoçar e faltava meia hora para retornarem ao trabalho.

Lourenço contou a seguinte história...

Dez anos atrás, ele e a esposa decidiram passar um fim de semana em um hotel-fazenda, na companhia dos filhos: um menino de onze anos e as meninas gêmeas, de sete. Durante um passeio ao campo, eles passaram próximo de uma cachoeira e, como estavam com sede, resolveram tomar água. O único que não quis beber a água da cachoeira foi o garoto, dizendo que mataria a sede quando voltassem ao hotel.

Lourenço não se conformou com a recusa do filho. Disse que a água estava deliciosa e praticamente o obrigou a bebê-la. O menino ficou relutante, mas, para não desagradar o pai, dirigiu-se a uma pequena poça que havia entre as pedras, em um lugar um pouco mais afastado de onde os outros estavam. Agachou-se, juntou as mãos formando uma concha, encheu-as de água e deu algumas goladas.

De repente, o menino soltou um grito terrível e começou a chorar, pedindo que o acudissem. Lourenço chegou a pensar que se tratava de uma brincadeira e não levou muito a sério. Somente ao perceber que o filho continuava se debatendo feito louco foi que decidiu socorrê-lo. Ao se aproximar, levou um susto, pois o garoto estava ficando com uma cor arroxeada, e seus gritos começaram a ficar sufocados na garganta.

Ele pegou o filho no colo, e a família toda correu para o hotel. A mãe e as irmãs do garoto estavam aos prantos, e Lourenço, com o coração aos saltos, fazia um esforço imenso para manter o controle emocional.

Chegando ao hotel, pediram ajuda. O menino foi colocado em uma picape e conduzido ao hospital mais próximo, que ficava a oitenta quilômetros de distância. Mas, quando chegaram, ele já havia falecido.

O médico que o atendeu observou que havia a marca de uma picada de cobra no pescoço da criança. O réptil, extremamente venenoso, atacara-o quando ele se abaixara para beber a água. E havia sido um ataque tão rápido e sutil, que talvez nem o próprio garoto tivesse percebido do que se tratava, sentindo apenas o efeito devastador do veneno inoculado a se espalhar em grande velocidade em sua corrente sanguínea, causando-lhe indescritível sofrimento e morte quase instantânea.

A essa altura da narrativa, Lourenço fez uma pausa e ficou pensativo.

– Consegue imaginar uma coisa dessas? – perguntou, olhando com tristeza para Reginaldo. – Saber que o meu filho havia morrido por minha culpa, por uma teimosia minha. Ele não queria beber água na cachoeira, e eu, cabeça-dura, forcei-o a fazê-lo.

– Sim, tenho noção do que seja isso. Passei por uma experiência parecida...

– É verdade, meu amigo. Fica mais fácil compreender a dor alheia quando enfrentamos um sofrimento similar, não é mesmo?

Reginaldo fez que sim com um gesto de cabeça, e Lourenço continuou a narrativa: durante dois anos, havia sofrido muito. A esposa e as filhas tentavam consolá-lo de todas as formas, mas ele próprio não se perdoava. Tinha pesadelos terríveis com o filho morto, acordava no meio da madrugada e não conseguia mais dormir. Passara a beber descontroladamente, perdera o emprego e estava em vias de abandonar a família e sumir no mundo. Tinha chegado até mesmo a pensar em suicídio, achando que com isso teria suas dores abrandadas.

Capítulo 21

EXPIAÇÃO

*Procurai, pois, consolações aos vossos males no futuro
que Deus vos prepara, e a causa de vossos males
em vosso passado; e vós, que sofreis mais,
considerai-vos os bem-aventurados da Terra.*

(O Evangelho segundo o Espiritismo – Capítulo 5 – Item 19 – Boa Nova Editora)

Um dia, Lourenço estava bebendo em um bar, quando alguém lhe entregou um pequeno panfleto. Apenas por educação, ele aceitou. Porém, quando correu os olhos pelo papel, teve a atenção despertada para o texto que falava sobre vida pós-morte. Mas o que mais o intrigou foi a explicação sobre a lei universal de causa e efeito. "Deus é infinitamente justo e bom, e nada ocorre que não seja pela vontade d'Ele. Não existe ocorrência do acaso ou sem uma causa justa. Cada evento ocorre de forma natural, planejada e lógica, e tem sempre um objetivo maior de aprendizado e evolução", dizia o texto.

Lourenço teve vontade de saber a causa de seu sofrimento. O que teria feito de ruim, para precisar enfrentar uma experiência tão dolorosa? De que modo o sofrimento imposto pela morte do filho poderia contribuir para a sua evolução? E foi assim pensando que decidiu procurar o Centro Espírita de onde havia se originado o papel que lhe chegara às mãos. No fundo, estava indo mais por curiosidade do que por qualquer outro motivo. Precisava ouvir a explicação sobre o que lhe parecia um verdadeiro absurdo.

Chegou ressabiado, cheio de desconfianças, achando que poderia se tornar vítima de pressões psicológicas e de extorsões. Porém não demorou a perceber que seus temores eram infundados. Foi muito bem recebido na Casa Fraterna e tratado com respeito e dignidade. Não lhe pediram nada, nem o forçaram a acreditar nas ideias que defendiam. Apenas o ouviram e procuraram esclarecer seus questionamentos, segundo o ponto de vista da Doutrina Espírita.

Depois de ouvir todas as explicações sobre a existência humana, baseadas nos estudos auferidos nos livros da Codificação Espírita, Lourenço passou a se sentir um pouco mais reconfortado em seu sofrimento, mas para acreditar piamente em tudo aquilo faltava um detalhe: ele queria uma comprovação.

⚘

O tempo passou e Lourenço continuou frequentando as reuniões de estudos do Centro Espírita, pois se sentira acolhido no ambiente. Mas, de vez em quando, era assaltado pelo desejo de saber mais a respeito de tudo o que lhe ocorrera.

Dentre as várias atividades mediúnicas desenvolvidas no Centro, havia um grupo encarregado de receber mensagens psicografadas. Um dia, Lourenço foi surpreendido por uma mensagem que, segundo lhe disseram, havia sido ditada por seu filho "morto".

É claro que ele não acreditou de imediato, porém, um detalhe na psicografia fez grande diferença. Para comprovar sua procedência, o autor citou trechos de uma conversa que havia tido em particular com o pai, uma hora antes da ocorrência que lhe ceifara a vida.

No diálogo, ocorrido no dia de seu desencarne, ele pedira orientação a Lourenço a respeito de uma coleguinha do colégio que lhe enviara um bilhete romântico. Ninguém, a não ser os dois, tinha conhecimento daquele assunto.

– Pai, eu não estou interessado em namorar, pois acho que ainda é muito cedo para isso. Mas também não quero magoá-la, pois considero essa menina uma boa amiga – ele dissera na ocasião, pedindo ao genitor que guardasse segredo sobre aquilo.

Lourenço aconselhou o filho da forma que achava ser a mais correta e digna, ou seja, dizendo a ele que, de modo educado e gentil, explicasse à menina exatamente o que havia lhe falado.

– Tenho certeza de que ela vai entender e vocês continuarão sendo bons amigos.

O menino sorriu meio sem graça, agradeceu pelo conselho, e o assunto foi dado por encerrado.

Mais de dois anos depois, em meio à mensagem psicografada, o comunicante desencarnado ditaria com bom humor: "A passagem para o plano espiritual me livrou de ter que dar explicações à 'menina do bilhete romântico' sobre a razão de não querer namorá-la, e isso foi bem legal".

Aí estava a prova de que o recado procedia mesmo do além--túmulo.

*

– Essa mensagem foi a minha salvação – explicou Lourenço. – Meu filho esclareceu o motivo daquela tragédia. E o mais incrível foi saber que, apesar de ter procurado respostas para a razão do "meu" castigo, achando que eu havia feito por merecer aquele sofrimento como resgate de um erro do passado, na verdade, eu apenas havia assumido o compromisso de ajudar o meu filho a resgatar um crime que ele havia cometido em uma vida pretérita. Tudo o que ele me pedia era para ser forte e fazer valer a promessa de que não me deixaria vencer pela tristeza, quando chegasse a hora da dura provação.

Reginaldo o encarou curioso e questionou:

– Resgate de um crime? Como assim?

– Isso mesmo, meu amigo! Um resgate. Dentre as explicações que a mensagem trazia, meu filho disse que precisava de alguém que o aceitasse como filho naquela encarnação, mesmo sabendo que ele retornaria muito cedo ao plano espiritual. Disse que eu não só aceitei essa incumbência, como também prometi a ele que não iria me sentir culpado quando chegasse esse doloroso momento, porque, se eu sucumbisse, o meu sofrimento representaria um empecilho para ele se manter em paz e dar prosseguimento à infinita jornada evolutiva a que todos nós estamos sujeitos.

– Mas por que ele teve de passar por aquilo? Ter uma morte tão dolorosa...

Lourenço disse que iria explicar e continuou a narrativa...

કરુરુરુ

Em uma de suas encarnações, o Espírito que viera como seu filho fora um homem avarento, que havia abusado da capacidade de ganhar dinheiro. Agindo quase sempre de modo desonesto, adquiriu um número significativo de imóveis e passou a alugá-los, pois a cidade onde vivia estava em franco crescimento industrial, atraindo novos moradores que ali aportavam todos os dias.

Ele se tornara, por assim dizer, um homem insaciável em termos de aquisição de bens; afinal, o acúmulo de riquezas materiais é um hábito tão vicioso quanto a enfermidade a que estão sujeitos os organismos dependentes de substâncias químicas.

Certo dia, o município onde ele vivia e onde possuía suas propriedades começou a enfrentar grave crise financeira, originada pela falência de importantes indústrias que geravam emprego a boa parte dos moradores da cidade.

Com a avalanche de desempregos que se seguiu à ocorrência, muitas famílias entraram em vertiginoso declínio, passando a viver com sérias dificuldades financeiras, enquanto as autoridades buscavam um meio de resolver a questão, incentivando outros investidores a se instalarem na região.

Porém, enquanto não surgia uma solução, o problema continuava e começou a se refletir nas transações comerciais do município. Sem emprego para garantir o salário no fim do mês, a inadimplência tornou-se algo inevitável, atingindo, inclusive, o famigerado senhorio, cujos inquilinos deixaram de honrar o compromisso do aluguel.

Ao sentir o prejuízo no bolso, ele se enfureceu e começou a pressionar os inquilinos inadimplentes para que desocupassem os imóveis. Alguns o fizeram sem titubear. Porém um chefe de família, que não tinha para onde ir e que não achava justo ser lançado à rua de uma hora para outra, insistiu em permanecer ocupando o imóvel, mesmo sem ter condições de pagar o aluguel.

Indignado, o locador se recusou a procurar seus direitos pelos meios legais, pois achava que a justiça era condescendente demais com os locatários e bastante injusta com o proprietário do imóvel. Em vez disso, buscou um meio de se livrar dos inquilinos de uma forma bem mais obscura, ou seja, teve a infeliz ideia de colocar veneno na caixa-d'água que abastecia a residência e se livrar rapidamente de um problema que poderia se arrastar por anos nos trâmites burocráticos da justiça.

Esgueirando-se pelas sombras da noite, ele colocou em prática o hediondo plano, sem pensar nas graves consequências do que fazia, preocupado apenas em resolver seus interesses financeiros.

Assim, os integrantes daquela família começaram a adoecer gravemente, atacados por desconfortos e dores lancinantes no aparelho digestivo. Sem meios de buscar um tratamento médico mais eficiente, trataram-se como puderam, sem levantar suspeitas do crime a que estavam submetidos. A doença se agravava cada vez mais, para desespero dos inquilinos e satisfação do locador, que acompanhava tudo a distância, sem se deixar abalar pelo sofrimento alheio.

Um dia, o filho caçula daquela família, um menino de oito anos de idade, amanheceu muito mal. Chorava escandalosamente, contorcendo-se na cama e se queixando de dores fortíssimas em suas entranhas.

Levada a um pronto-socorro, a criança não resistiu e faleceu poucas horas depois. Como os demais membros da família ainda sentissem os efeitos do envenenamento, e agora somando à dor física o sofrimento pela perda do filho, decidiram mudar-se para outra cidade. Era uma fuga desesperada que, intuitivamente, traria para eles um pouco de paz e conforto. A causa da morte do menino nunca foi esclarecida e nenhuma suspeita recaiu sobre o senhorio.

A vida seguiu seu curso, e o assassino daquela criança jamais esboçou um mínimo resquício de arrependimento pela maldade praticada. Achava-se cheio de razão e andava ocupado demais em acumular riquezas, para fazer uma avaliação de seus próprios atos. E foi assim, materialmente rico e moralmente endividado, que chegou ao fim daquela experiência encarnatória.

De volta ao plano espiritual, o ambicioso senhorio foi arrastado, por força da inexorável lei de atração, aos precipícios de uma região trevosa, onde sofreu a perseguição das vítimas que não tinham conseguido perdoá-lo. Todos o cobravam pelos maus atos praticados, impingindo-lhe imensurável sofrimento, que se arrastou por longo tempo.

Porém a vida, semelhante a um rio que em ininterrupta jornada segue para a foz, prosseguiu em sua marcha. Chegou para aquele Espírito o momento de voltar à carne e dar seguimento ao processo evolutivo a que o próprio universo e tudo o que o habita estão sujeitos.

O instrumento de sua expiação foi o réptil que o picou à beira da cachoeira, provocando a dor dilacerante que o fez debater-se em desespero, enquanto o veneno cumpria a função de selar-lhe o doloroso destino, bem semelhante ao do garoto que, em tempos remotos, morrera envenenado por suas ambiciosas mãos.

Reginaldo estava boquiaberto diante do que acabara de ouvir.

– Então, não foi por sua culpa que o menino morreu... – observou pensativo.

– Não, não foi – Lourenço respondeu, meneando vigorosamente a cabeça. – O que aconteceu a ele fazia parte de seu projeto reencarnatório. O fim de semana naquele hotel-fazenda, o passeio à cachoeira, a minha insistência para que ele bebesse a água, o local que meu filho escolheu para fazê-lo e a picada da cobra foram apenas o roteiro traçado para que se cumprisse a necessária expiação que haveria de libertar sua consciência de um pesado débito moral. Se não fosse daquele modo, seria de outro, mas era inevitável que ocorresse.

Enquanto o amigo falava, os pensamentos de Reginaldo ficavam em tremenda agitação. Mil questionamentos pululavam em sua mente: a morte de Felipe teria sido também uma expiação? Um episódio inevitável? E, se fosse, por qual motivo teria ocorrido?

Foi pensando em tudo isso que ele disse:

– Florêncio, eu preciso que você me leve a esse Centro Espírita.

O outro sorriu satisfeito.

– Com muito prazer, meu amigo! Podemos ir quando você quiser.

E seguiram em silêncio para a retomada de seus afazeres profissionais.

Capítulo 22

BUSCANDO RESPOSTAS

A fé sincera é arrebatadora e contagiosa; ela se comunica àqueles que não a tinham, ou mesmo não a queriam ter; encontra palavras persuasivas que vão à alma, enquanto que a fé aparente não tem senão palavras sonoras que os deixam frios e indiferentes.

(O Evangelho segundo o Espiritismo – Capítulo 19 – Item 11 – Boa Nova Editora)

Dois dias depois, em um início de noite, Reinaldo e Lourenço adentraram a Casa Espírita que ficava instalada em um velho casarão, em um dos bairros mais antigos da cidade de São Paulo. Seu fundador, nascido no apagar das luzes do século XIX, exercera importantes atividades no movimento codificado pelo francês Allan Kardec, em uma época em que o espiritismo sofria todo o tipo de perseguição e retaliação que se possa imaginar.

Em idade já bem avançada, tendo dedicado mais de cinquenta anos à instituição onde se praticava a caridade em todas as suas vertentes e se propagava o amor exemplificado pelo Cristo como fonte de salvação para a humanidade, ele retornou ao plano espiritual, mas deixou plantada a produtiva semente que germinara, transformando-se em frondosa figueira que acolhia em seus generosos ramos os "pássaros feridos" pelas adversidades do mundo. Atuantes equipes de trabalhadores dos dois planos da vida mantinham o Centro Espírita em funcionamento, seguindo com fidelidade as diretrizes estabelecidas por seu fundador.

Em quase todos os dias de atividades chegavam novos viajores em busca de conforto às dores da alma e esclarecimento sobre as questões imponderáveis da vida – aquelas que os sentidos físicos não conseguem detectar, mas que se apresentam de modo arrasador em determinados momentos da experiência encarnatória de todos os Espíritos que estagiam nesta casa planetária, onde o mal ainda se sobrepõe ao bem e costuma gerar dolorosos e incompreensíveis processos de ordem expiatória.

O lugar era bastante agradável. Em um salão de razoável tamanho distribuíam-se cerca de duzentas cadeiras para uma assistência que, naquele momento, ocupava pouco mais da metade, ouvindo a voz clamorosa de uma senhora de cabelos grisalhos que falava sobre Jesus, enquanto quatro moças e três rapazes bem jovens entoavam baixinho uma suave música, como que embalando as palavras da mulher, dando-lhes um colorido todo especial.

Lourenço fez sinal para que Reginaldo o acompanhasse, passou direto pelo corredor, à direita da fileira de cadeiras, e entrou por uma porta que havia nos fundos do salão. Assim que a transpuseram, o pai de Felipe perguntou:

– Tem certeza de que eu posso ir entrando assim?

– Ninguém vai nos expulsar – o outro respondeu rindo. Depois explicou mais sério: – Eu faço parte do grupo de trabalhadores da Casa, esqueceu-se? Você está sendo aguardado. Não se preocupe.

Subiram uma escadaria e chegaram ao piso superior do sobrado, onde havia oito portas que davam acesso às salas de estudo distribuídas ao longo de um corredor.

– É aqui que realizamos os nossos trabalhos – disse Lourenço, batendo levemente em uma das portas e abrindo-a antes mesmo de obter resposta.

Entraram. Um homem de semblante agradável os esperava, folheando algumas revistas, sentado em uma confortável poltrona. Vendo-os, levantou-se e estendeu a mão para cumprimentá-los amavelmente. Chamava-se Cristóvão, aparentava ter um pouco menos de cinquenta de idade e atuava naquela instituição há uma década e meia.

Depois das apresentações, Lourenço saiu, deixando-os a sós. Cristóvão convidou Reginaldo para se acomodar e disse:

– Seja muito bem-vindo, meu amigo! Em que podemos lhe ser úteis?

– Ainda não tenho certeza – o outro respondeu com sinceridade. Depois completou, cheio de reticências: – É que tem acontecido tanta coisa em minha vida, desde que o meu filho... sabe? Eu ando em busca de respostas para perguntas que nem sei ao certo como formular...

– Mas você está disposto a receber o que veio buscar?

Reginaldo reagiu com um olhar de incompreensão. Cristóvão explicou:

– Por questões bastante pessoais, eu penso que uma das funções mais importantes da Casa Espírita é levar conforto às pessoas que sofrem a perda de um ente querido, mostrando a elas que a morte física não representa o fim da convivência afetiva entre os que se amam de verdade, expondo-lhes que a única barreira existente entre os dois planos da vida é a impossibilidade de os olhos físicos detectarem a presença de quem está do lado de lá. Porém, por incrível que pareça, a maioria das pessoas que vem em busca de notícias de seus parentes desencarnados acaba duvidando das comunicações que recebe.

– Compreendo – respondeu Reginaldo com um meneio de cabeça. – Eu mesmo andei desacreditando bastante e, se não fosse pela experiência espiritual que vivenciei pessoalmente, teria passado a vida toda duvidando.

Cristóvão o olhou animado.

– Que interessante! Gostaria de falar sobre essa experiência?

– Sim. Foi por isso que pedi ao Lourenço para me trazer aqui. Na verdade, ainda tenho dúvidas sobre muitos detalhes do que aconteceu...

– Bem, podemos tentar esclarecê-las.

Reginaldo pensou por uns segundos e sua voz tornou-se um pouco triste.

– No ano passado, meu filho Felipe foi morto por traficantes de drogas. Ele tinha apenas vinte anos... Eu e minha esposa sofremos muito, não só com a morte dele, mas também com a desconfiança de que ele era usuário e distribuidor de entorpecentes na faculdade onde estudava. Essa informação, inclusive, chegou a ser confirmada pelo melhor amigo do nosso filho. A tragédia fez minha mulher se desequilibrar a ponto de tentar o suicídio; eu me tornei um homem amargurado, e o nosso casamento estava por um fio...

Ele precisou fazer uma pausa para controlar as emoções ao se recordar daqueles momentos tão difíceis. Cristóvão, acostumado a ouvir o desabafo dos "pássaros feridos" que ali aportavam pela primeira vez, permaneceu em silêncio, esperando que Reginaldo se reequilibrasse.

– Na noite em que estava completando um ano da morte do meu filho, eu recebi, durante o sono, o convite de uma entidade espiritual para fazer um passeio. No início, não queria ir; não acreditei em nada daquilo; achei que estivesse sonhando... Mas aquele ser estranho e gentil, que se apresentou com o nome de Francisco, insistiu para que eu o acompanhasse. De repente, me vi fora do corpo. Fui projetado para o alto e, junto com ele, de uma forma que não consigo explicar direito como aconteceu, visitei algumas regiões do plano espiritual. Deparei-me com lugares agradáveis e outros de grande sofrimento. Ali, fui orientado sobre o funcionamento das leis universais; questões como causa e efeito, imortalidade da alma, processos expiatórios e coisas assim.

Reginaldo fez nova pausa e, dessa vez, Cristóvão interveio:

– Então você passou a acreditar? Quer dizer, percebeu que era real o que estava acontecendo?

– Até aquele momento, não – ele disse com sinceridade. – Em meus pensamentos, tudo aquilo não passava de um sonho, um devaneio criado pela desordem psicológica com que eu fora dormir naquela noite. Mas, então, o amigo espiritual me levou a uma espécie de clínica médica, onde encontrei o meu filho ocupando um dos muitos quartos que havia ali. Quando abracei o Felipe e senti o calor do seu corpo junto ao meu, eu quis acreditar que tudo aquilo era verdadeiro. Nós conversamos, rimos, choramos... Ele falou sobre o modo como eu havia abandonado sua mãe e me pediu que desse mais atenção a ela, temendo que Denise pudesse cometer alguma loucura. Tudo estava de acordo. Porém, no fundo, a dúvida permanecia. Aquilo seria mesmo real ou não passava de uma grande fantasia?, eu me perguntava.

A lembrança do reencontro com o filho fez com que duas lágrimas brotassem discretamente dos olhos de Reginaldo, que, enxugando-as com o polegar e o indicador, prosseguiu:

– Ao nos despedirmos, meu filho me pediu que transmitisse respostas a três perguntas que a mãe tinha feito a ele, em pensamento. Quando acordei e me lembrei do que havia acontecido, fiquei eufórico, mas logo a dúvida sobre a veracidade de tudo aquilo me desanimou novamente. Entretanto, quando pude conversar com minha esposa, apresentei-lhe as respostas dadas pelo Felipe, e ela confirmou ter feito as perguntas a ele.

Os olhos de Reginaldo, ainda umedecidos pelas lágrimas, brilhavam de animação quando ele completou:

– Cada uma daquelas respostas estava perfeitamente de acordo com cada pergunta feita pela minha esposa. Não havia como duvidar da veracidade de tudo aquilo; teria sido coincidência demais! A partir daquele momento, não tive mais dúvidas de que estive com o Felipe e nunca mais me permiti ficar triste ou revoltado por sua morte.

– Até porque ele não está morto, não é? – observou Cristóvão com um sorriso.

Reginaldo concordou com um movimento de cabeça e comentou:

– Exatamente. Se ainda me permito chorar, às vezes, é apenas de saudade e de gratidão por tê-lo encontrado no plano espiritual. Mas a história não termina aí. Dia desses, eu e minha esposa estivemos com o amigo do nosso filho, o mesmo que havia nos contado que Felipe era usuário e distribuidor de entorpecentes. O rapaz desmentiu tudo. Disse que quem consumia e vendia drogas na faculdade era ele e que o Felipe o havia aconselhado muitas vezes a parar com aquilo.

Cristóvão ouvia-o atentamente enquanto ele prosseguia, expondo agora as suas dúvidas:

– Veja bem, o meu filho, por ter um bom coração e até mesmo por ingenuidade, havia ido atrás dos traficantes para interceder em favor do amigo. Tinha ido apenas fazer uma boa ação e acabou assassinado. Então isso não faz muito sentido para mim. O Lourenço me contou sobre o drama que viveu com a morte do filho, que foi picado por uma cobra em um hotel-fazenda. Disse que recebeu uma psicografia na qual o garoto esclareceu que se tratava de expiação por um crime cometido no passado. Mas e o meu filho? Por que será que ele foi morto e o colega, que era o verdadeiro devedor, está vivo?

Reginaldo fez essas perguntas e ficou olhando para o orientador, como se esperasse uma resposta imediata. Após breve silêncio, Cristóvão falou:

– Cada caso é um caso, meu amigo. Não dá para dizer ainda o que aconteceu ao seu filho, mas uma coisa eu posso lhe garantir: a lei de causa e efeito é tão perfeita quanto qualquer outra lei divina. Todas as ocorrências da vida estão embasadas nessa lei. Ninguém passa por experiências que não sejam atraídas por seus próprios atos e que não tenham o objetivo de contribuir para o seu crescimento moral.

O trabalhador do Centro continuou a conversar longamente com Reginaldo, tendo como base os ensinamentos de Jesus, sobre os aspectos doutrinários do espiritismo, para esclarecer os pontos duvidosos que ele apresentou.

Ao fim da conversa, o pai de Felipe estava convicto de que queria aprofundar seu conhecimento a respeito da Doutrina Espírita, passando a fazer parte do grupo de estudos que ali eram realizados. Por algum motivo que ele não sabia explicar, passara a se sentir mais próximo do filho no momento exato em que adentrara aquele ambiente.

Naturalmente, ele não podia ver, mas Felipe estava bem ali, ao seu lado, acompanhando a conversa. O rapaz se encontrava bastante emocionado e já sabia como acalmar o coração do pai, esclarecendo de uma vez tudo o que estava por trás de seu trágico desencarne.

Capítulo 23

MENSAGEM

Para julgar uma coisa é preciso, pois, ver-lhe as consequências; é assim que, para apreciar o que é realmente feliz ou infeliz para o homem, é preciso se transportar além desta vida, porque é lá que as consequências se fazem sentir.

(O Evangelho segundo o Espiritismo – Capítulo 5 – Item 24 – Boa Nova Editora)

Reginaldo tornou-se frequentador do Centro Espírita e se interessava cada vez mais em participar dos estudos e em inteirar-se das atividades ali desenvolvidas. Denise chegou a acompanhá-lo algumas vezes, mas não tinha a mesma determinação nem o mesmo interesse por aqueles novos conhecimentos. Quem estava sempre com ele, incentivando-o e trocando ideias, era Lourenço.

Um forte laço de amizade também se criou entre Reginaldo e Cristóvão. O trabalhador do Centro Espírita identificou-se bastante com o novo companheiro de estudos doutrinários, solidarizando-se com o drama enfrentado por ele.

Certa noite, Cristóvão deu a Reginaldo uma notícia que o deixou bastante animado. Informou-lhe que os médiuns do grupo de psicografia haviam recebido uma mensagem direcionada a ele. Entre surpreso e curioso, ele recebeu a carta, sentou-se isoladamente e leu:

Meu querido pai e grande amigo.

As leis divinas, embora nos pareçam muitas vezes injustas e equivocadas, são tão perfeitas quanto seu próprio Criador. É pelo fato de vivermos em um plano de provas e expiações que passamos por momentos tão difíceis. A lei do esquecimento, cujo objetivo principal é o de nos poupar de recordações traumáticas e constrangedoras de experiências passadas, provoca a equivocada impressão de que, toda vez que enfrentamos uma situação difícil, estamos sendo injustiçados.

Mas, ao contrário do que parece, nenhum sofrimento é casual, nem serve apenas como punição aos nossos equívocos, porém como contribuição para o nosso aprimoramento. O episódio que envolveu a mim e ao meu querido amigo nada mais foi do que um ajuste solicitado por mim mesmo, quando, habitando ainda o plano espiritual, preparava-me para voltar à vida física.

Ocorre que, em uma experiência de vida anterior, eu me perdi no submundo das drogas e o arrastei comigo, provocando-lhe imensos prejuízos morais e afetivos, levando-o, inclusive, a abandonar o lar e a jovem esposa que o amava incondicionalmente, mas que não conseguiu libertá-lo dos perversos tentáculos da dependência química.

Depois de muito sofrimento nos dois planos da vida, em lugares como os que lhe foram mostrados aqui, eu finalmente tive a consciência despertada e assumi o compromisso de me conduzir pelos rumos da correção, o que cumpri fielmente. Mas o meu amigo, que ainda não vencera completamente as suas fraquezas morais, oscilava entre o desejo de se corrigir e a tentação do vício, que, por minha culpa, o subjugava.

Somente uma experiência dolorosa e até mesmo traumática conseguiria despertá-lo para a realidade, fortalecendo-o para que pudesse vencer a luta travada entre o "homem velho" que o habitava há tanto tempo e o "homem novo" que ansiava por aflorar em sua vida.

Assim, solicitei a tarefa de auxiliá-lo, doando, se necessário, a minha própria vida física para que ele conseguisse se libertar. E o objetivo foi alcançado, pois, vencido pelo sofrimento provocado pelo assassinato de meu corpo, ele finalmente obteve êxito em sua luta contra o vício, abandonando-o em definitivo.

Quanto a vocês dois, pai e mãe, a lição que receberam teve por objetivo despertar as suas consciências para as questões afetivas e espirituais da existência humana. Foi também por meio do sofrimento que começaram a mudar o seu ponto de vista, abandonando em parte a visão materialista que possuíam, além de conseguirem se encontrar com o Deus verdadeiro – o Deus de amor, justiça e bondade, que tanta falta faz na vida de todos nós. Vejo o senhor mais devotado a isso do que a mamãe, mas tenho certeza de que, com o tempo, ela também acabará encontrando o caminho da consciência espiritual.

Assim como vocês, a mãe do meu amigo também aceitou essa tarefa por amor. Sabia de antemão que teria uma experiência difícil, mas ainda assim fez questão de ajudá-lo. Aliás, esse é o papel de muitos pais que têm por missão conduzir na Terra filhos problemáticos, em nobre – ainda que dolorosa – missão de resgate e amparo. Infelizmente, muitos sucumbem, movidos pela falta de confiança em Deus e pelo desconhecimento da aplicação de Suas leis, cujo objetivo é tão somente o de conduzir o homem para o caminho do bem.

Agora estou pronto para dar seguimento à vida, trabalhando, estudando e me preparando para novas experiências, inclusive para o reencontro que haveremos de ter futuramente. Porém, gostaria de lhes fazer um último pedido: ajudem o meu amigo nesse difícil momento de sua vida. A caridade, meus pais amados, é a silenciosa oração que mais nos aproxima de Deus.

Fiquem em paz!"

Reconhecendo naquela mensagem o caráter amoroso e elucidativo do filho, Reginaldo chorava de emoção quando terminou a leitura. Mais uma vez Felipe chamava sua atenção para importantes questões que lhe haviam passado despercebidas.

Mas um adendo ao fim da mensagem deixou-o intrigado: "Pai, não se engane; a nossa história não é única". Logo abaixo, uma espécie de assinatura com as iniciais "GB".

Curioso, Reginaldo procurou Cristóvão e perguntou o que significava aquilo.

– Em tudo o que há na mensagem, eu reconheço a presença do meu filho – ele disse. – No entanto, queria saber o que significam essas iniciais "GB". Trata-se de uma assinatura?

– Não é uma assinatura – explicou o trabalhador do Centro, depois de observar com atenção. – Essas iniciais foram colocadas aí pelo médium.

– Então o médium poderia explicar o que significam?

Cristóvão meneou a cabeça em negativa.

– Acho muito difícil. Enquanto psicografa, é natural que o médium esteja meio inconsciente; ele não age por vontade própria, mas pela vontade do Espírito comunicante. Então, tudo o que está no papel foi colocado porque o seu filho quis assim, mas duvido de que ele tenha explicado a razão disso a quem psicografou a mensagem.

– E como vou saber o que significa?

O dirigente do Centro Espírita ponderou:

– Você acha que se prender a esse pequeno detalhe é tão importante assim? Você não disse que, em tudo o que aí está, consegue reconhecer a presença de seu filho?

Reginaldo ficou confuso. Na verdade, não queria admitir, mas era ainda um homem bastante cético. O seu lado racional cobrava explicação para todos os detalhes, pois apenas desse modo conseguiria acreditar inteiramente em tudo aquilo.

Ele ainda buscava mentalmente uma resposta quando chegou em casa. A primeira coisa que fez foi ler a mensagem para Denise, que também se emocionou e reconheceu traços da personalidade amorosa do filho naquelas palavras.

– Precisamos ajudar o Alexandre – Reginaldo disse. – É o desejo do nosso filho.

Denise confirmou com um aceno de cabeça.

– Se a história aí narrada for verdadeira, como pensamos que é, ajudar o Alexandre significa ajudar também o Felipe a cumprir seu compromisso. E, mais até do que ajudar o Alexandre, preciso pedir perdão a ele e à sua mãe. A forma como os tratei foi muito negativa. Depois de ler esta mensagem, fico até envergonhada por ter agido daquele jeito.

– Foi uma reação instintiva, motivada por dor e revolta – Reginaldo observou. – Ainda bem que há tempo para corrigi-la.

Naquela mesma noite, uma importante decisão foi tomada: no dia seguinte, procurariam Maristela e Alexandre para oferecer-lhes auxílio.

Mais tarde, quando estava quase pegando no sono, Reginaldo pensou ter tido uma inspiração, mas na verdade foi o próprio Felipe que havia sussurrado em seu ouvido:

– A nossa história não é única. Há muitas outras, além do Gato de Botas.

Ele deu um salto na cama, acordando Denise, que dormia ao seu lado. Então, em atitude quase infantil, correu para pegar a mensagem, acendeu o abajur e mostrou a ela o detalhe que o deixara intrigado: o "GB" ao fim da psicografia eram as iniciais do título da história que Felipe lhe contara no plano espiritual, certamente com o propósito de criar o enigma que, uma vez desvendado, daria legitimidade à comunicação feita no momento oportuno.

Reginaldo não havia comentado com ninguém a respeito daquela história – na verdade havia se esquecido dela –, o que tornava ainda mais consistente a prova sobre a origem da carta ditada ao médium no Centro Espírita.

Capítulo 24

LEI DE ATRAÇÃO

Deus consola os humildes e dá força aos aflitos que a pedem. Seu poder cobre a Terra e, por toda parte, ao lado de uma lágrima, coloca Ele um bálsamo que consola.

(O Evangelho segundo o Espiritismo – Capítulo 6 – Item 8 – Boa Nova Editora)

A situação de Alexandre continuava inalterada, e Maristela se desesperava cada vez mais, por não conseguir removê-lo para um hospital mais qualificado. Ela havia feito várias tentativas, mas fora tudo em vão.

Quando recebeu a visita dos pais de Felipe, ficou tensa, pensando que seria destratada novamente, mas se surpreendeu com o que ouviu de Denise:

– Maristela, vim lhe pedir que me perdoe pelo péssimo comportamento daquele dia. Eu estava arrasada e não consegui conter minhas emoções...

A mãe de Alexandre começou a chorar.

– É claro que eu a perdoo, dona Denise! E compreendo perfeitamente a sua reação. Também sou mãe e também sei o que é perder uma pessoa amada.

As duas se abraçaram, e Denise, tirando um lenço da bolsa, ofereceu-o à mãe de Alexandre.

– Tome. Seque essas lágrimas e vamos colocar uma pedra sobre este assunto, está bem?

Enquanto secava os olhos, Maristela fez um aceno de cabeça em concordância.

– Que bom que a senhora entendeu. Me tirou um peso enorme das costas.

Depois que ela se acalmou, os três começaram a conversar e, ao saber das dificuldades enfrentadas por Maristela, Reginaldo disse que estava decidido a pagar todas as despesas para que Alexandre fosse transferido a um hospital mais bem aparelhado.

– Mas eu não terei como pagá-lo depois... – a mulher justificou, preocupada.

– Não se trata de um empréstimo, mas de uma doação – Reginaldo explicou, deixando claro que não aceitaria negativas.

Assim, Alexandre finalmente foi transferido para uma das melhores clínicas de São Paulo, onde passou pelos procedimentos necessários à sua recuperação. Segundo os médicos, os graves ferimentos sofridos deixariam algumas sequelas, como certas dificuldades de locomoção, mas nada que o impedisse de ter uma vida quase normal.

❧⁓⁓❧

No dia seguinte, em conversa com Cristóvão, Reginaldo falou que havia desvendado o enigma do "GB" ao fim da mensagem psicografada, provocando alegres risadas no amigo.

– Gato de Botas... Quem diria! Pelo jeito, seu filho tem um belo senso de humor, hein!

Reginaldo também riu.

– Ele sempre foi assim. Por isso é que me sinto tão próximo dele, sabe? É quase como no tempo em que vivíamos juntos... Aliás, hoje eu me sinto ainda mais ligado ao Felipe do que naquela época. Lembro-me de ter ficado constrangido quando soube que, em vinte anos de convivência, eu havia contado apenas aquela história para o meu filho. Agora, ao finalizar a mensagem dizendo que "aquela história não é a única", ele pratica um gesto de caridade, tentando aliviar a minha consciência pesada por ter lhe dado tão pouca atenção.

Cristóvão suspirou fundo.

– Sei bem o que é isso, meu amigo!

– Como assim? Não me diga que você também teve uma experiência parecida com a minha!

– Tive sim – o outro respondeu. – O fato de você, o Lourenço e eu termos nos encontrado nada mais é do que a lei de atração nos colocando no mesmo ambiente de cura e esclarecimentos. Passamos por experiências parecidas, sofremos dores idênticas, elaboramos as mesmas perguntas e encontramos as mesmas respostas. Ah, e o melhor é que, quando aprendemos, tornamo-nos aptos a ajudar pessoas que, movidas pela mesma lei de afinidade, virão até nós em algum momento, apresentando as mesmas dores, as mesmas dúvidas... em busca do mesmo consolo a que recorremos um dia.

Reginaldo estava admirado com o que ouvia. Tudo aquilo fazia mesmo sentido. Ele começava a entender que as leis universais atuam sobre nós o tempo todo, sem que as percebamos.

– Gostaria de ouvir a minha história? – Cristóvão perguntou, interrompendo os pensamentos dele.

– Sim – ele exclamou com sincero interesse. – Se não for lhe causar mais sofrimento...

O outro sorriu.

– Deixa de ser sofrimento quando passamos a encarar como aprendizado, meu amigo.

E contou a seguinte história...

Casara-se aos 25 anos com uma mulher bonita, inteligente e carinhosa. Moravam de aluguel em uma casa pequena, em um bairro modesto da periferia da cidade. A opção do casal de viver em um imóvel mais barato devia-se ao fato de que precisavam juntar dinheiro para adquirir a casa própria.

Cristóvão trabalhava como representante comercial de uma empresa de produtos alimentícios. Viajava na segunda-feira para cidades do interior do estado em visita aos clientes e, na sexta à tarde, retornava para casa.

Os fins de semana eram sempre muito alegres, principalmente depois que os filhos nasceram; primeiro um menino e, dois anos depois, uma menina, ambos lindos e saudáveis. Com a família crescendo, surgiu a necessidade de se mudarem para uma residência maior, mas ele decidiu que isso só seria feito no dia em que tivessem a própria casa. O salário não era tão baixo, mas, para o que ele precisava, não era suficiente.

Um dia, um dos colegas de Cristóvão se demitiu da empresa sem prévio aviso, e ele foi chamado à administração, onde o gerente lhe fez uma proposta:

– Cristóvão, a praça que ficou sem representante faz divisa com a sua. Você acha que poderia atender àquela clientela junto com a sua, até que tenhamos um funcionário treinado para assumi-la?

– Sim – ele respondeu prontamente, vendo a oportunidade de aumentar o salário por meio das comissões de vendas, que seriam ampliadas.

A iniciativa deu tão certo que, três meses depois, ele foi consultado sobre a possibilidade de continuar atendendo as duas praças. O trabalho estava demasiado cansativo, mas Cristóvão concordou; afinal, seu salário havia quase dobrado.

A esposa e os filhos se ressentiram, pois agora o chefe da família já não tinha os fins de semana livres para eles. Cristóvão passou a retornar para casa no sábado já bem tarde da noite e a voltar para os trabalhos na madrugada do domingo. As poucas horas que passava em casa eram gastas com relatórios e outras atividades ligadas ao trabalho.

Cristóvão passou quatro anos sem tirar férias. Já não tinha disposição nem paciência para brincar com as crianças, e elas, aos poucos, foram se distanciando dele. A esposa começou a se queixar da falta de atenção, e a justificativa era sempre a mesma:

– Assim que tiver juntado dinheiro suficiente para comprar nossa casa, eu diminuo o ritmo do trabalho e volto a me dedicar a vocês.

A mulher fazia um ar de tristeza, mas acabava concordando. Afinal, precisavam mesmo de uma casa confortável e que se localizasse em um bairro mais seguro, pois onde moravam o terreno era acidentado e havia sempre o risco de deslizamentos de terra em épocas de temporais.

Quando o filho de Cristóvão estava com oito anos e a filha com seis, ele finalmente atingiu seu objetivo. O dinheiro recebido no último pagamento, somado ao décimo terceiro salário, completava o valor necessário para a aquisição de uma linda propriedade com que ele e a esposa vinham flertando há algum tempo.

Era a semana do Natal. Ele se despediu dos clientes e foi para casa com duas determinações em mente: iria se mudar com a família para a casa nova antes da virada do ano e devolveria à empresa a clientela extra que vinha atendendo há cinco anos. Queria cumprir a promessa feita à esposa de dedicar-se mais à vida familiar.

Era uma época de fortes temporais em praticamente toda a região Sudeste do Brasil, mas principalmente em São Paulo. As estradas estavam congestionadas por causa de acidentes de trânsito e quedas de barreiras nas encostas. Cristóvão passou o dia todo dirigindo e apenas no início da noite conseguiu chegar ao bairro onde morava.

Ainda de longe, percebeu que algo grave havia acontecido. As ruas estavam tomadas pela lama. Vários carros do Corpo de Bombeiros, Polícia Militar e ambulâncias se encontravam no local. Havia muita gente concentrada em um determinado ponto, e outras corriam agitadas de um lado para o outro sob o intenso temporal que continuava caindo.

Cristóvão sentiu uma aflição imensa no coração, pois quando olhou para o alto, onde sua casa se localizava, viu apenas uma grande mancha marrom que se desfazia, escorrendo como uma sopa sinistra por uma imensa cratera que se formara no morro.

– Até hoje, não consigo precisar exatamente o que aconteceu naquele momento – ele disse a Reginaldo, que o ouvia em profundo silêncio. – Só me lembro de uma barraca improvisada, sob a qual havia vários corpos estendidos em cima de uma lona de plástico preto. Não precisei vasculhar muito para encontrar os corpos de meu filho e de minha esposa entre eles.

Ele silenciou por um instante, como se revivesse aquele triste momento, e prosseguiu:

– Não sei dizer o que senti. Um misto de revolta, raiva, tristeza, impotência... Mas o que mais me incomodava era o remorso. Eu me culpava por não estar ali para proteger minha família no momento do acidente. Alguém tentou me consolar e falou qualquer coisa sobre Deus, mas isso só serviu para ampliar todos aqueles sentimentos negativos que me dominavam. "Deus?", gritei. "Onde está Deus? Se estiver aqui, apareça! Eu O desafio para um duelo! Mostre que é justo e me dê a chance de me vingar da Sua crueldade! Vamos! Escolha as armas. Com qualquer uma delas eu poderei vencê-Lo neste momento de tanta raiva..."

Cristóvão fez nova pausa. Era difícil falar sobre aquilo, mas ele sabia que era necessário, para ajudar Reginaldo e também para se ajudar.

– Algumas pessoas me olhavam com piedade, outras se benziam e lançavam-me um olhar de reprovação – ele continuou. – Mas eu não estava preocupado com o que pensavam de mim. Continuava a desafiar Deus com toda a convicção de meu ser. De repente, alguém se aproximou. Trazia uma criança no colo. Com os olhos embaçados por lágrimas e pela chuva, vi a imagem desfocada de minha filha estendendo os bracinhos em minha direção. Ela havia sobrevivido à tragédia praticamente sem um arranhão. Abracei-a com força e choramos juntos. Enquanto chorava e a envolvia com todo o amor que pulsava em meu coração, grande parte da minha revolta foi se esvaindo, deixando apenas a tristeza da perda e o consolo de ter minha filha nos braços.

Ele olhou fixamente para Reginaldo e sua voz se tornou branda, quase inaudível:

– Entre os dolorosos gemidos que me afloravam da alma, sussurrei com voz trêmula pelo rigor da emoção: "Assim não é justo, Deus! Com tantas armas para um duelo, o Senhor escolheu a única com que não posso derrotá-Lo". Já não sabia mais se continuava a amaldiçoar o Criador ou se agradecia pelo milagre da sobrevivência de minha amada filhinha.

⁊⁊⁊⁊⁊

Quando Cristóvão terminou a narrativa, ambos estavam com os olhos marejados. Tudo aquilo havia ocorrido dezesseis anos atrás. Depois de enterrar a esposa e o filho, ele comprou um pequeno apartamento naquele mesmo bairro e passou a se dedicar inteiramente à criação da filha.

– Fui salvo pelos esclarecimentos que encontrei nesta Casa bendita – ele explicou. – Os mesmos esclarecimentos que ajudaram Lourenço, você e tantos outros irmãos que aqui chegam diariamente em busca de conforto. Aqui me disseram que a minha sobrevivência fora necessária para cuidar da menina. Por isso, não havia razão para me sentir culpado por estar longe de casa no momento do acidente. Minha filha cresceu; acabou de se formar na área médica. Hoje trabalha em uma clínica e faz parte do grupo de estudos que aqui desenvolvemos. Optei por não constituir nova família consanguínea. Decidi abraçar a imensa família universal formada por todos os meus irmãos, filhos do mesmo Criador. Envergonho-me até hoje de O haver desafiado, e coloquei a minha vida inteiramente em Suas mãos.

– Você recebeu alguma mensagem de sua esposa, ou de seu filho, explicando o porquê de tudo aquilo? – Reginaldo perguntou.

– Por incrível que pareça, nunca recebi. Nenhuma mensagem, nenhuma visão, nenhum contato... Nada!

– Então, como pode saber que...

– Que nada daquilo foi por acaso? – Cristóvão completou a pergunta.

Reginaldo confirmou com um aceno de cabeça.

– Acreditando nas leis universais e no amor infinito de Deus para com todos os Seus filhos! – exclamou o outro, com forte convicção. – Fui instigado a crer sem ver e aceitei o desafio. Um dia, quando chegar o momento certo, saberei o que está por trás de tudo o que aconteceu, mas não tenho pressa. Por enquanto me bastam os esclarecimentos que constam nas palavras de Jesus. Todas as explicações e o consolo estão lá, mas é preciso ter "olhos de ver", como o próprio Cristo tantas vezes orientou.

O diálogo ainda se estendeu por um longo tempo, aumentando a admiração que Reginaldo passara a nutrir por aquele homem que lhe dava um incrível testemunho de fé.

Capítulo 25

APRENDIZES

Pensai que tendes a cumprir, durante vossa prova sobre a Terra, uma missão de que não suspeitais, seja em vos devotando à vossa família, seja cumprindo os diversos deveres que Deus vos confiou.

(O Evangelho segundo o Espiritismo – Capítulo 5 – Item 25 – Boa Nova Editora)

Dentre as implicações angariadas por conta dos tiros recebidos, Alexandre sofrera uma paralisia nos membros inferiores. O problema era reversível, mas exigiria um longo tratamento fisioterápico. Nesse período, sua locomoção só seria possível com o uso de uma cadeira de rodas.

Uma jovem fisioterapeuta, recém-formada mas bastante competente, ficou encarregada de cuidar do rapaz durante a internação. Chamava-se Raquel. Era uma pessoa educada, sensível e muito prestativa. A moça, sensibilizada com o drama de Alexandre, passou a lhe dedicar atenção especial.

Reginaldo ia sempre ao hospital saber das novidades e ficava feliz ao ver que a recuperação de Alexandre era bastante satisfatória. Em uma dessas visitas, começou a conversar com Maristela, que havia retornado à rotina de trabalho no restaurante, embora não perdesse uma única oportunidade de estar ao lado do filho.

Era uma manhã de sol ameno, e Raquel havia levado Alexandre para dar uma volta pelo jardim. Reginaldo e Maristela estavam sozinhos no quarto, aguardando que os jovens retornassem.

– Fico feliz em ver que seu filho está se restabelecendo – Reginaldo disse a ela.

A mulher o encarou com um olhar de gratidão e falou:

– Graças à sua ajuda, doutor Reginaldo! Nunca vou me esquecer da caridade que o senhor e a dona Denise fizeram por nós. Às vezes fico pensando em tudo o que aconteceu e me sinto muito mal, sabe? Gostaria tanto que vocês não tivessem perdido seu filho.

Reginaldo sorriu com tristeza.

– Isso não depende de nós, minha amiga. – Apontou para o alto. – Depende Dele.

Ela o olhou intrigada.

– Como assim? Então o senhor acredita em Deus? Acha mesmo que é a vontade Dele que prevalece sempre?

– Bem... Até bem pouco tempo, eu não acreditava. Porém, têm acontecido tantas novidades em minha vida nos últimos tempos, que eu já não posso duvidar de mais nada.

Ela suspirou profundamente.

– Queria tanto acreditar nisso! Só assim teria mais sossego na alma e não me sentiria tão culpada pela morte de uma pessoa que foi muito importante em minha infância, apesar do pouco tempo de convívio que tivemos.

Ao ouvir aquelas palavras, Reginaldo se surpreendeu. Lembrou-se do que Cristóvão havia dito sobre a lei de atração colocar em consonância pessoas que passam pelas mesmas experiências. Enquanto ele pensava sobre isso, Maristela já havia iniciado o seu desabafo:

– Eu tinha apenas doze anos – ela disse com voz melancólica. – Meu irmão Carlinhos tinha dez. Nós fomos obrigados a sair de casa à noite para comprar cachaça para o nosso pai. Eu havia levado uma surra e estava sem condições de atravessar a rodovia para chegar à birosca. Meu irmão insistiu para ir sozinho e na volta foi atropelado. Em meio à escuridão da noite, vi o vulto de seu corpo ser arremessado a grande distância e espatifar-se sem vida no asfalto.

Ela voltou a suspirar. Tinha o olhar parado, como se projetasse a cena do passado na parede branca do quarto.

– Nunca consegui me perdoar – encerrou tristemente.

Um pesado silêncio recaiu sobre eles. Reginaldo sabia que precisava ajudá-la. Era o que Cristóvão disse que aconteceria: "quando aprendemos, tornamo-nos aptos a ajudar pessoas que, movidas pela mesma lei de afinidade, virão até nós em algum momento".

Reginaldo só não sabia por onde começar. Ainda estava em fase de tratamento para a própria dor; era ainda um aprendiz tateando nas sombras de um universo desconhecido.

Naquele momento, Raquel entrou empurrando a cadeira de rodas em que Alexandre se locomovia.

– Com licença – ela disse. – Fizemos um belo passeio pelo jardim, não foi, Alex?

O rapaz concordou com um aceno de cabeça e sorriu. Maristela os olhou e sorriu também. Depois voltou a baixar a cabeça. Estava ainda abalada pelas lembranças do passado.

Reginaldo finalmente pareceu encontrar as palavras certas para quebrar o silêncio:

– Sabe, Maristela, eu também me sentia culpado pela morte do meu filho, mas acabei descobrindo que não é bem assim que as coisas funcionam. Deus está no comando de tudo, e os fatos só acontecem quando existem razões para que aconteçam.

Ela o olhou na expectativa de ouvir algo que realmente a ajudasse a se livrar daquele antigo e pesadíssimo fardo.

– Estou frequentando um lugar interessante onde estudamos sobre as leis universais. E o mais incrível é que uma delas tem atuado constantemente em minha vida nos últimos dias: a lei de atração.

Como Maristela continuasse a olhá-lo com interesse, mas em silêncio, ele prosseguiu:

– Tenho conhecido pessoas que passaram por experiências parecidas de perda de entes queridos, sensação de culpa, revolta, frustração...

– Pessoas como eu – ela o interrompeu.

– Exatamente. O seu caso até me surpreendeu, pois eu não fazia ideia de que você houvesse enfrentado situação semelhante. Mas, veja bem, descobri há pouco tempo que um dos meus colegas de trabalho teve um filho de onze anos morto pelo veneno de uma cobra. Depois fiquei sabendo que um dos dirigentes do Centro Espírita que frequento teve o filho de oito anos e a esposa soterrados em um deslizamento de terra, tendo escapado do acidente somente sua filhinha de seis anos. E tanto um quanto o outro se sentiam culpados pela morte de seus entes queridos.

Envolvido no diálogo com Maristela, Reginaldo não percebeu que Raquel, enquanto cuidava de Alexandre, acomodando-o na cama, parou e ficou olhando para ele. De repente, ela o interrompeu:

– Doutor Reginaldo, desculpe minha intromissão na conversa de vocês, mas não pude deixar de ouvir o que o senhor falou...

– Não há nenhum problema – ele respondeu. – Não se trata de nenhum segredo, mas de uma realidade que já foi contada por seus protagonistas a várias pessoas que passam por situações semelhantes.

– O senhor poderia dizer o nome do homem que é dirigente do Centro Espírita e que teve o filho e a esposa soterrados?

– Sim, claro! Como eu disse, não é nenhum segredo. O nome dele é Cristóvão.

Raquel se aproximou, olhou para Maristela, depois para Reginaldo, e disse emocionada:

– Ele é meu pai. Eu sou a menina que sobreviveu àquele terrível acidente. Minha mãe e meu irmão infelizmente não resistiram.

Um pesado silêncio envolveu o ambiente. Mil pensamentos passaram pela cabeça de todos os que ali se encontravam, mas nada foi dito naquele momento. Mais uma vez, as leis universais, por si mesmas, cumpriam sua função, e os homens, meros aprendizes da vida, nada podiam fazer para evitar que aquilo acontecesse.

Capítulo 26

EPÍLOGO

Possam todos os Espíritos sofredores compreender essa verdade, ao invés de reclamar contra as dores, os sofrimentos morais que são neste mundo o vosso quinhão.

(O Evangelho segundo o Espiritismo – Capítulo 6 – Item 8 – Boa Nova Editora)

A convivência entre Alexandre e Raquel criou profundos laços afetivos entre os dois. Não tinham como saber, mas a filha de Cristóvão era a esposa que ele havia abandonado em experiência de vida passada, por conta da dependência química, como narrara Felipe na mensagem psicografada. Tratava-se do reencontro de almas com fortes ligações sentimentais, já que o amor cultivado em seus corações encontrava-se temporariamente adormecido, mas não fora extinto.

Por isso, quase sem perceber, o casal passou a ter uma relação bastante harmônica e reciprocamente prazerosa desde os primeiros contatos. Eles tinham quase a mesma idade e nenhum dos dois havia, até aquele momento, se envolvido em uma relação amorosa mais séria, como se seus corações já os alertassem de que tinham uma vaga reservada para alguém especial que estava destinado a cruzar o caminho deles.

Quando Alexandre recebeu alta, Raquel se ofereceu para continuar as sessões de fisioterapia na casa dele, nos dias de folga. O rapaz respondeu com sinceridade:

– Eu adoraria contar com isso, mas infelizmente não terei como pagar os seus serviços.

Raquel sorriu e se aproximou, segurando-lhe a mão.

– E quem está falando em pagamento?

– Não seria justo...

Ela o fez ficar quieto, colocando o dedo indicador nos lábios dele, enquanto o olhar de ambos se encontrava, em uma silenciosa declaração de amor.

– E quem está falando em justiça?

Antes que ele voltasse a contestar, ela completou:

– Estou falando em solidariedade, carinho, amizade...

Mas, quando terminou de falar, seus lábios estavam tão próximos que praticamente se beijaram sozinhos. E aquele beijo selou a estreia de um novo tempo em suas vidas: o reinício de uma bonita e sincera história de amor que ressurgia como a floração de uma nova primavera, renascida após longo período invernal.

Quando Alexandre voltou a se locomover sem necessidade da cadeira de rodas ou de qualquer outro tipo de apoio, não havia mais a menor possibilidade de se afastar de Raquel. Já não eram as suas pernas que precisavam dela, e sim o seu coração.

❧⟊❧

Para Maristela também foi uma época de descobertas e libertação. A convite de Raquel, ela passou a frequentar o Centro Espírita, onde conheceu e se entrosou com pessoas que a ajudaram a se libertar do remorso cultivado em sua alma durante tantos anos.

A exemplo de Cristóvão, ela também não recebeu nenhuma comunicação a respeito do acidente que vitimara seu irmão Carlinhos. Mas desenvolveu a capacidade de crer sem ver, inserindo em seu dia a dia a libertadora fé raciocinada, que elimina qualquer dúvida sobre a bondade soberana de Deus e a impossibilidade de Ele permitir sofrimentos desnecessários a quem quer que seja.

Carinhosamente aceito pelo pai de Raquel, Alexandre firmou namoro com ela e retomou os estudos, determinado a se formar e batalhar por um bom emprego. Feliz e apaixonado, o jovem casal tinha planos bastante promissores para o futuro, e ninguém duvidava de que alcançaria seus objetivos.

⠀⠀⠀

A vida seguiu seu curso, mas algo ainda intrigava Reginaldo e Denise: a casa deles continuava vazia. Tirando o quarto ocupado pelo casal, sobravam vários outros, que permaneciam sem uso.

Um dia, durante o almoço, Denise disse ao marido:

– Poxa, essa casa está tão grande e tão deserta! Estou arrependida de ter feito laqueadura quando o Felipe nasceu. Na ocasião, estava totalmente voltada para a carreira profissional e achei que a concepção de um filho seria mais do que suficiente para a vida que havia escolhido. Agora, vendo a desolação desta casa, me deu uma grande vontade de engravidar novamente.

– Bem, o que está feito, está feito. Não adianta ficar lamentando o passado – disse Reginaldo, confortando-a.

Porém Denise o surpreendeu.

– Mas eu andei pesquisando bastante e descobri que em alguns casos a cirurgia para evitar gravidez pode ser revertida.

– Poxa, isso é mesmo bacana! – animou-se o esposo. – Quer procurar um médico e ver as possibilidades?

Denise concordou. No dia seguinte, procuraram uma clínica especializada no assunto. Ela fez vários exames, e os dois ficaram em uma grande expectativa, esperando a conclusão.

Dias depois, saiu o resultado, e ele não era nada animador.

– Infelizmente, a sua cirurgia é irreversível. A senhora não poderá mais engravidar – assegurou o médico que cuidava de Denise.

Ela lançou para o marido um olhar desapontado.

– Poxa, quando eu podia, não quis; agora que quero, não posso ter um filho.

Mais tarde, conversando com Cristóvão, Reginaldo expôs o ocorrido.

– Fiquei tão empolgado com a possibilidade de voltar a ser pai, que quase chorei quando ouvi o diagnóstico do médico, dizendo que Denise não pode mais engravidar.

O amigo manteve um breve silêncio. Depois, apoiou a mão no ombro dele e disse:

– Você já ouviu falar em família universal e na possibilidade de encontrarmos seres amados onde jamais imaginamos? Veja bem, meu amigo, muito mais importante do que gerar um corpo é aprender a amar o Espírito que habita esse corpo. Os laços corporais entre os membros de uma família não garantem a afinidade afetiva, porque o sentimento é atributo do Espírito. Por isso, é comum vermos pessoas que são parentes bem próximos se odiando, enquanto há outras, sem nenhum vínculo consanguíneo, que se amam incondicionalmente.

Reginaldo ficou olhando para Cristóvão, tentando entender onde ele pretendia chegar. Percebendo-lhe a hesitação, o amigo disse:

– "Tudo o que fizestes a um desses pequeninos, é a mim que fizestes", essas são as palavras de Jesus! Compreendeu, ou precisarei ser mais claro?

Reginaldo respondeu com um largo sorriso. Entendera o recado e pensaria com carinho sobre a questão. No dia seguinte, quando Denise voltou a se queixar da impossibilidade de engravidar, ele disse:

– Denise, o médico disse que você não pode engravidar. Não ter filho é outra coisa bem diferente.

– Como assim? – ela perguntou curiosa.

Ele se levantou, estendeu a mão e disse:

– Venha comigo.

Entraram no carro e percorreram algumas ruas. Meia hora depois, Reginaldo estacionou em frente a um grande orfanato.

– Entende agora o que eu estava sugerindo? – perguntou com grande animação.

Denise estava boquiaberta.

– Está pensando em adotarmos uma criança?

Reginaldo a olhou com a determinação de um guerreiro.

– Uma só, não! Estou pensando na possibilidade de não termos mais nenhum quarto vazio em nossa casa. O que você acha?

Denise arregalou os olhos, e os dois se abraçaram e começaram a rir, tomados por um sentimento de euforia que há muito tempo não sentiam.

Na esfera espiritual, Felipe também sorria de contentamento. Finalmente os pais começavam a dar mostras de que estavam aprendendo a colocar em prática as lições de amor e caridade propagadas e exemplificadas por Jesus.

O LIVRO DOS ESPÍRITOS
ALLAN KARDEC

Essa obra, tida como básica no ensinamento do Espiritismo, contém os princípios da Doutrina sobre a imortalidade da alma, a natureza dos espíritos e suas relações com os homens, a vida presente, a vida futura e o futuro da humanidade segundo os ensinamentos dados pelos espíritos superiores. Uma idéia clara e principalmente lógica da sabedoria e da justiça de Deus. Traduzida por Salvador Gentile.

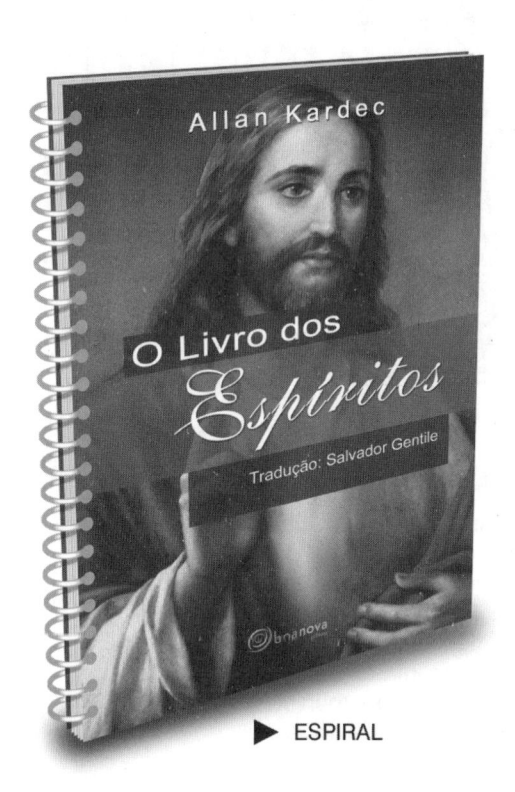 ▶ ESPIRAL

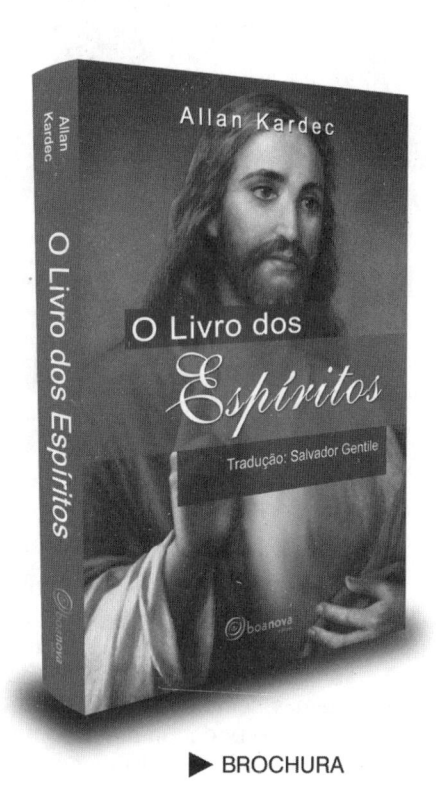 ▶ BROCHURA

ROBERTO DE CARVALHO
INSPIRADO PELO ESPÍRITO FRANCISCO

A SEGUNDA CHANCE

27x27 cm | 28 páginas

Numa tarde de vento forte, Francisco resolve empinar sua pipa perto da fiação elétrica, achando que conseguiria guiá-la. Mas a aventura não termina bem. Ele leva um choque e, gravemente ferido, é internado em um hospital. Enquanto seu corpo está emcoma, Francisco permanece numa região sombria do plano espiritual, onde é orientado por um Espírito amigo sobre temas como riscos da desobediência na infância, imortalidade da alma e o poder da prece como cura. Será que o menino conseguiu absorver osfundamentos dessas lições?

Boa Nova Catanduva-SP | 17 3531.4444 | boanova@boanova.net
Boa Nova São Paulo-SP | 11 3104.1270 | boanovasp@boanova.net
Boa Nova Sertãozinho-SP | 16 3946.2450 | novavisao@boanova.net

Nova Chance para a Vida

Roberto de Carvalho ditado pelo espírito **Francisco**

Cassiano desejava sair do interior, mudar-se para São Paulo e cursar a faculdade de Administração, mas uma gravidez indesejada na juventude, fruto de uma noite impensada com Rebeca, exigiu que ele adiasse seus planos para fazer parte de uma família na qual não era bem-vindo. Depois de um tempo, disposto a abandonar Rebeca e o filho Eduzinho, bem como deixar para trás as humilhações pelas quais passava constantemente na pequena cidade em que vivia, fosse por causa do sogro, fosse devido às discussões com a esposa, Cassiano desejava uma nova chance. Porém, já em São Paulo, mas em situação desoladora, são os encontros com a mãe já falecida, por meio de sonhos, que o motivarão a superar os erros do passado. A forte ligação entre ambos incentivará o rapaz a seguir um caminho de fé e perseverança. A obra recorda os ensinamentos espíritas tanto na trajetória do protagonista quanto na abertura de cada capítulo, que traz citações d´O Evangelho segundo o Espiritismo e d´O Livro dos Espíritos, publicações de Allan Kardec que abordam aspectos do ser humano na perspectiva da doutrina.

256 páginas

Romance | 16x23 cm | 978-85-8353-023-7

CAMÉLIAS DE LUZ

Cirinéia Iolanda Maffei
ditado por Antonio Frederico

Romance
Formato: 16x23cm
Páginas: 384

No Brasil do final do século XIX, três mulheres têm suas existências entrelaçadas novamente... Seus amores, paixões, derrotas e conquistas... Uma história real, lindamente narrada pelo Espírito Antônio Frederico, tendo como cenários as fazendas de Minas Gerais e o Rio de Janeiro pré-abolicionista... Pairando acima de tudo, as camélias, símbolos da liberdade!

O amor restabelecendo o equilíbrio. Mais do que isso, o autor espiritual descerra aos olhos do leitor acontecimentos que fazem parte da história de nosso país, abordando-os sob o prisma espiritual. As camélias do quilombo do Leblon, símbolos da luta sem sangue pela liberdade de um povo, resplandecem em toda a sua delicadeza. Uma história que jamais será esquecida...

 www.boanova.net

 www.facebook.com/boanovaed

 www.instagram.com/boanovaed

 www.youtube.com/boanovaeditora

RENOVANDO ATITUDES

Francisco do Espirito Santo Neto
ditado por Hammed

Filosófico
Formato: 14x21cm
Páginas: 248

Elaborado a partir do estudo e análise de 'O Evangelho Segundo o Espiritismo', o autor espiritual Hammed afirma que somente podemos nos transformar até onde conseguirmos nos perceber. Ensina-nos como ampliar a consciência, sobretudo através da análisedas emoções e sentimentos, incentivando-nos a modificar os nossos comportamentos inadequados e a assumir a responsabilidade pela nossa própria vida.

 www.boanova.net

 www.facebook.com/boanovaed

 www.instagram.com/boanovaed

 www.youtube.com/boanovaeditora

O MISTÉRIO DA CASA

CLEBER GALHARDI
16x23 cm
Romance Infantojuvenil
ISBN: 978-85-8353-004-6

256 páginas

Uma casa misteriosa! Um grupo de pessoas que se reúnem alguns dias por semana, sempre a noite! Um enigma? O que essas pessoas fazem ali? O que significa esse código? Descubra juntamente com Léo, Tuba e Melissa as respostas para essas e outras situações nessa aventura de tirar o fôlego que apresenta aos leitores uma das principais obras da codificação de Allan Kardec.

DEPOIS DA MORTE
Léon Denis

Vida no além
Formato: 16x23cm
Páginas: 304

LÉON DENIS

DEPOIS DA MORTE
A Existência da Reencarnação

EDICEL®

Quem de nós, em algum momento da vida, não teve a curiosidade de se perguntar qual seria seu destino após a morte do corpo físico? Existe realmente um mundo invisível para onde iremos?

O grande pensador Léon Denis responde a essas e a muitas outras perguntas relativas à vida e à morte nesta obra. Para apresentar suas conclusões, o autor retorna no tempo e pesquisa a Grécia, a Índia, o Egito, além de várias outras culturas, em busca de respostas. Aprofundando-se em temas complexos como a existência de Deus, a reencarnação e a vida moral, trata ainda dos caminhos que temos à disposição para chegarmos ao "outro mundo" com segurança e o senso de dever cumprido.

 www.boanova.net

 www.facebook.com/boanovaed

 www.instagram.com/boanovaed

 www.youtube.com/boanovaeditora

 **EDICEL®**

Entre em contato com nossos consultores e confira as condições
Catanduva-SP 17 3531.4444 | São Paulo-SP 11 3104.1270 | Sertãozinho-SP 16 3946.2450

A BATALHA PELO PODER

Assis Azevedo
Ditado por João Maria

Romance
Formato: 16x23cm
Páginas: 320

Desde a remota Antiguidade o homem luta para dominar o próprio homem, tudo por causa do orgulho, do egoísmo, da inveja e, sobretudo, da atração nefasta pelo poder. Mesmo com o advento do Cristianismo, a humanidade não entendeu a verdadeira mensagem de Jesus, que era "amar o próximo como a si mesmo"

Esta obra, ditada pelo Espírito João Maria, informa-nos com muita propriedade sobre uma batalha desencadeada pelos nobres da Idade Média, cuja intenção era sempre lutar bravamente pelo domínio de tudo o que existisse, com a desculpa de que honrariam, assim, o nome de seus antepassados.

 www.boanova.net

 www.facebook.com/boanovaed

 www.instagram.com/boanovaed

 www.youtube.com/boanovaeditora

MULHERES FASCINANTES
A presença feminina na vida de Jesus

Cirinéia Iolanda Maffei
ditado por Léon Denis
16x23 cm
272 páginas
Doutrinário
978-85-9977-203-4

Os contos desta obra revelam alguns encontros do Mestre Jesus com pessoas que, apesar de anônimas, foram destacadas por Tolstoi neste livro. Esses inusitados personagens nada mais são do que seres humanos sujeitos às imperfeições encontradas em quaisquer indivíduos da atualidade. Nos encontros descritos é preciso identificar com clareza nosso orgulho, vaidade, humildade, dor, ódio, inveja, raiva, frustração e desesperança, bem como nossa humildade, abnegação e nosso altruísmo, latentes em nossaintimidade.

Catanduva-SP 17 3531.4444 | São Paulo-SP 11 3104.1270
Sertãozinho-SP 16 3946.2450 boanova@boanova.net | www.facebook.com/boanovaed

Eternas
virtudes do amor

Roberto de Carvalho
inspirado pelo Espírito Valentim

256 páginas | Romance | 16x23 cm
978-85-8353-042-8

Este romance narra a vida do Espírito Valentim em sua mais recente experiência encarnatória. Ele teve o privilégio de nascer em um lar materialmente bem provido e de conviver com pessoas esclarecidas. Foi conduzido para o caminho da política, tendo exercido a função de prefeito de sua cidade em mais de um mandato – maravilhosa oportunidade de, coletivamente, praticar o bem, caso a houvesse aproveitado.

Conviveu também com desafetos do passado, tendo a chance de praticar o perdão, e reencontrou Suzana, companheira de outras existências, podendo provar o quanto a amava. Porém, vícios morais como egoísmo e ambição fizeram dele um político corrupto, arrogante e preconceituoso, seguindo por um caminho de equívocos e sofrimentos.

Mas a experiência de Valentim é também um rico aprendizado no que se refere à prática do amor verdadeiro, mostrando-nos que ele se sobrepõe às maldades promovidas pelas imperfeições humanas, como um bálsamo a suavizar feridas e a manter acesa a chama inesgotável da esperança em que um dia, moldados pela dor, pelo arrependimento e pela conscientização, todos nós possamos conquistar as eternas virtudes do amor.

 **boanova** editora

ENTRE EM CONTATO COM OS NOSSOS CONSULTORES.

 17 3531.4444 Catanduva-SP | 11 3104.1270 São Paulo-SP | 16 3946.2450 Sertãozinho-SP

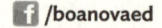 /boanovaed 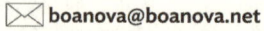 boanova@boanova.net

A BUSCA
DO MELHOR

Francisco do Espirito Santo Neto
ditado por Hammed

Filosófico
Formato: 14x21cm
Páginas: 176

Sócrates afirmava que "ninguém que saiba ou acredite que haja coisas melhores do que as que faz, ou que estão a seu alcance, continua a fazê-las quando conhece a possibilidade de outras melhores". Ser protagonista da própria vida não significa jamais se equivocar; significa, sim, refazer caminhos, reconhecer falhas e erros, e deixar de ser prisioneiro das próprias atitudes. Neste livro de Hammed, você vai descobrir as ferramentas necessárias para conduzir sua história de vida e fazer da existência uma grande oportunidade de aperfeiçoamento.

 www.boanova.net

 www.facebook.com/boanovaed

 www.instagram.com/boanovaed

 www.youtube.com/boanovaeditora

Entre em contato com nossos consultores e confira as condições.
Catanduva-SP 17 3531.4444 | São Paulo-SP 11 3104.1270 | Sertãozinho-SP 16 3946.2450

QUANDO O AMOR TRIUNFA

Giseti Marques

432 páginas | Romance | 16x23 cm | 978-85-8353-049-7

França, século XIX. Em meio à tumultuosa onda de revolta que se levantava no país com o surgimento de uma iminente revolução, o duque Cédric Lefevre, oficial do exército francês, homem duro de coração e com um passado envolto em sofrimento, depara-se com um sentimento que, para ele, até então era desconhecido. Ao ver Charlotte, uma linda jovem, doce e bem diferente das moças da época, o nobre sente seu mundo abalado pelo que agora clama seu coração. Contudo, um acontecimento inesperado trará de volta a amarga realidade à vida do nobre.

Como vencer o orgulho? Como aceitar que a vida nem sempre tem as cores com as quais a pintamos? Intriga, ódio, vingança – esses são alguns dos obstáculos com os quais os personagens deste livro vão se deparar.

Para auxiliar nos contratempos, no entanto, está um sábio espírito na figura de uma criança: Henry, o deficiente e doce irmão de Charlotte, traz a reflexão a todos os que o rodeiam com seus exemplos – atitudes que podem transformar uma existência.

Boa Nova Catanduva-SP | 17 3531.4444 | boanova@boanova.net
Boa Nova São Paulo-SP | 11 3104.1270 | boanovasp@boanova.net
Boa Nova Sertãozinho-SP | 16 3946.2450 | novavisao@boanova.net

Conheça mais a Editora Boa Nova

 www.boanova.net

 www.facebook.com/boanovaed

 www.instagram.com/boanovaed

 www.youtube.com/boanovaeditora

 boanova® editora

Instituto Beneficente Boa Nova
Entidade coligada à Sociedade Espírita Boa Nova
Av. Porto Ferreira, 1.031 | Parque Iracema
Catanduva/SP | CEP 15809-020
www.boanova.net | boanova@boanova.net
Fone: (17) 3531-4444